ADP
04/78

4.50
4B0

X-1

L'ACTION RESTREINTE
De la littérature
de Philippe Haeck
est le sixième volume
publié dans la collection
Écrire
des Éditions de l'Aurore

Collection dirigée par **André Roy**

L'ACTION RESTREINTE
DE LA LITTÉRATURE

du même auteur

NATTES, *poèmes*
Les Herbes Rouges, numéro 18, 1974

à paraître

TOUT VA BIEN, *poèmes*
Les Éditions de l'Aurore.

PHILIPPE HAECK: L'ACTION RES- TREINTE/DE LA LITTÉRATURE.

L'AURORE

Les Éditions de l'Aurore
221 ouest, rue Saint-Paul
Montréal

Directeurs: Victor-Lévy Beaulieu, Léandre Bergeron; administration: Guy
Saint-Jean; production: Gilles LaMontagne, Roger Des Roches; conception
graphique: Philippe Trempe; maquette de la couverture: Mario Leclerc;
composition typographique: André Gadoury; correction: Roger Magini;
montage: Pierre Pichette; presse: Claude Milot.

DISTRIBUTION:
La Maison de Diffusion-Québec
221 ouest, rue Saint-Paul
Montréal
Tél.: 845-2535

ISBN   0-88532-025-5
Dépôt légal — 1er trimestre 1975
Bibliothèque nationale du Québec

À FRANÇOIS HÉBERT ET ANDRÉ ROY

Les textes rassemblés ici tournent autour de questions simples: enseigner?, lire?, écrire? Ces textes sont pour ces étudiantes et ces étudiants qui commencent à exiger des enseignants qu'ils pensent et travaillent avec eux: que ce livre puisse être pour elles et pour eux une économie de forces intellectuelles.

Le titre, l'action restreinte, indique: 1. que la littérature est une partie du champ culturel; 2. qu'il ne faut pas attendre de la seule pratique de l'écriture une large transformation sociale — il faut travailler sur plusieurs fronts à la fois: l'action syndicale, l'action pédagogique, aujourd'hui, commencent à marcher vers le socialisme —.

Ce livre rêve de révolution — il n'y a de révolution que collective —, et de tendresse — il n'y a de tendresse qu'au moins deux —; pour cela ne pas arrêter de penser notre action, de trouver notre désir.

PH. H.

Mai 1974

L'ENSEIGNEMENT
DE LA LITTÉRATURE

LA PÉDAGOGIE

0. «Où mur y a, et devant, et derrière, y a force murmur, envie et conspiration mutue. Rabelais cité par R.L. (AI, 7) «Mais je suis agrégé, moi! !»
— «Eh ben, justement, on veut te désagréger.» (paroles échangées entre un professeur et un étudiant, citées par Daniel Sibony, «À propos des mathématiques modernes» dans *Tel Quel* (automne 1972).

1. Le travail en équipe, conçu comme «enseignement fondamental» et non comme «activité optionnelle» favorise l'instinct de coopération, l'esprit critique, et transpose sur le plan collectif les sentiments de confiance, d'émulation et de fierté. (IP, 37)
2. Les devoirs, les interrogations, les notes, les classements, confèrent à la transmission des connaissances et à la réflexion pédagogique un coefficient de réification non négligeable. Calquée sur le mode de relations en usage dans la société marchande, la communication du savoir et le savoir lui-même deviennent des marchandises, des valeurs d'échange. (IP, 115)

1

APRÈS OCTOBRE 1968

0. Ceci est un montage fabriqué à partir de quarante et une citations tirées des trois ouvrages suivants de l'analyste institutionnel René Lourau (né en 1933): *L'Illusion pédagogique* (1970), *L'Analyse institutionnelle* (1971), *Analyse institutionnelle et pédagogie* (1972). Dans la colonne de gauche on trouve les propositions de Lourau et dans celle-ci des commentaires de toutes sortes concernant notre situation pédagogique ici après octobre 1968.

1. Quand donc saurons-nous que faire un réel travail d'équipe est autre chose que de demander aux étudiants de se mettre en groupe de quatre ou cinq pour discuter une question!

2. Au lieu d'enseigner comment nos connaissances s'articulent à la réalité sociale — ce qui serait un véritable enseignement — nous avons trop tendance à présenter notre savoir comme un savoir pur. L'étudiant en arrive à comprendre que ce savoir pur est simplement une épreuve pour acquérir un diplôme. Le diplôme signifie au moins deux choses pour l'étudiant: a) partir de l'école qui est un lieu artificiel où l'on n'apprend presque rien, b) entrer dans le monde du travail où on gagne de l'argent.

3. En lui demandant d'être un fonctionnaire, un bureaucrate de rang inférieur, un représentant et un officiant de la culture officielle, un responsable des décisions officielles en matière de connaissances à transmettre, et un agent du système concurrentiel, le pouvoir central investit l'enseignant d'un pouvoir délégué mais très réel (d'où les analyses en termes de pouvoir qui nous sont chères). (IP, 115-116)

4. Une sociologie de la révolte n'en reste pas moins à tenter: on verra peut-être que la contrainte institutionnelle de l'école joue dans ce que l'on nomme par euphémisme la «formation» un rôle bien plus important que celui qui est dévolu au latin, aux mathématiques ou à la littérature. /.../ La demande sociale, à l'origine et jusqu'aux environs de la quinzième année, permet donc de distinguer nettement les bons élèves des mauvais: les uns refusent d'intérioriser la contrainte institutionnelle, les autres acceptent. Bien entendu, il ne s'agit pas de «décisions» prises ouvertement par l'enfant: de tels «choix» s'inscrivent dans un contexte socio-culturel, où la famille, puis l'éveil sexuel, sont déterminants. (IP, 118-119)

5. La formation est entièrement dévorée par les exigences du système concurrentiel, à un point tel que l'étudiant en arrive à ne plus ressentir son aliénation: c'est que l'idéologie des «grandes écoles» sait lui dorer la pilule en parlant de «niveau à préserver», en exaltant la mystique du petit nombre d'élus et en général en peinturlurant d'aristocratisme intellectuel, ce qui n'est autre que la lutte pour les meilleures places dans une société tout entière bâtie selon le système de la concurrence économique. (IP, 120)

6. Pour l'élève ou l'étudiant, un camarade de cours n'est pas seulement un autre garçon de son âge: c'est aussi un condisciple et un concurrent, sur le plan affectif comme sur le plan du système scolaire. Un professeur, pour le même élève ou étudiant est une personne nantie du statut de l'adulte, du rôle de père, de mère, mais c'est aussi l'incarnation, ici et maintenant, de l'institution universitaire en tant que capital de savoir, garantie du savoir officiel, ensemble de règles, pouvoir de contrôle, d'orientation, de sélection. (IP, 121)

7. Les programmes, les instructions, les règlements ne font

16

3. Lucien Francoeur, un ancien étudiant de cégep, écrit: «l'étudiant, cet être infâme briefcasé aux ordres des zouaves condescendants de la RCMP: les professeurs («symptôme joyeux de succès» / Aldous Huxley)» (préface à *Lesbiennes d'acid* de Denis Vanier, éd. Parti pris, 1972, p. 11).

4. Ceci explique sans doute pourquoi les cégépiens sont si apolitiques — évidemment il y a eu aussi la répression d'octobre 1968 —; comment ne pas croire en effet que la majorité des étudiants que nous recevons sont ceux qui ont le mieux intériorisé la contrainte de l'école secondaire. Et quelles luttes peuvent bien mener ces «bons élèves» qui ne songent qu'à prendre la place de leurs pères! Les «mauvais élèves» ont été éliminés; ils sont sans doute en train de mener des luttes syndicales, et de faire l'amour de temps en temps.

5. Ici il y a ceux qui font des sacrifices pour aller à l'université—que l'on compare souvent au phallus, à l'autorité —: ce sont nos futurs cadres. Et il y a les autres du secteur professionnel: ce sont nos futurs techniciens. Et le système continue à rouler.

6. Tant que régnera entre les étudiants un climat de méfiance l'institution n'a rien à craindre: sa vie est assurée. Voici en guise de contraste un discours utopiste: «le Conseil supérieur de l'Éducation insiste sur la nécessité de favoriser chez les élèves et les étudiants le développement de la créativité, de l'imagination, de l'expression spontanée, de l'autonomie personnelle, de la faculté d'évaluation interne, du jugement.» *(L'Activité éducative.* Rapport annuel 1969/70 du Conseil supérieur de l'éducation, p. 25)

7. On mesure là combien la marge de liberté des

pas l'objet de décisions contractuelles, pas plus que les horaires, emplois du temps, normes de classification et de sanction. (IP, 124)

8. NON au savoir brisé en mille morceaux au nom de l'efficacité et du rendement technique (en fait, au nom de la rationalisation capitaliste). Oui au savoir nouveau, qui naît encore sauvagement dans la négation exacerbée, et qui n'atteindra pas une positivité nouvelle avant de longues années (patience!): OUI au «gai savoir» prophétisé par Nietzsche, non au savoir amusant, un savoir d'amateur, mais le savoir produit par l'épreuve et le choc — et la souffrance — de la réalité enfin libérée de ses masques soi-disant «universels». (IP, 134-135)

9. Kautsky, du temps qu'il n'était pas encore un «renégat», avait décrit assez cruellement la situation du chercheur, de l'intellectuel, de l'enseignant: «Dans la société actuelle, disait-il, ce ne sont plus comme autrefois... les exploiteurs eux-mêmes, ou du moins une classe d'exploiteurs qui cultivent les sciences et les arts. Ils abandonnent ce soin à une classe spéciale qu'ils payent pour cet office. L'instruction devient une marchandise.» (IP, 150-151)

10. la pédagogie est apparue et apparaît plus que jamais comme le terrain idéal pour diffuser une idéologie réformiste baptisée «révolutionnaire» par le pouvoir ou par les personnes qui s'identifient à l'idéologie dominante. (IP, 198)

11. En mai-juin, le mouvement étudiant (ce terme désigne une force politique objectivement constatable, non l'idée d'une majorité) a exigé, pour l'ensemble des étudiants, le droit et le pouvoir de décider eux-mêmes (les étudiants, en tant que force politique, et non en tant que catégorie subordonnée ou associée aux enseignants) de l'*organisation de leur procès de travail* dans toute son extension, non au niveau du «dialogue» et autres artefacts psychologiques, pédagogiques et idéologiques.

12. Or, que voyons-nous? Un gouvernement qui, après avoir consulté des personnalités suavement réformistes ou cyniquement réactionnaires (s'étant situées comme telles dans et devant l'événement) et après avoir fait asseoir quelques représentants des enseignés autour d'une table de ministère, proclame les grands principes de l'autonomie et

enseignants et des enseignés est mince: déplacements de savoir pur ou nouvelles méthodes pédagogiques pour occuper agréablement les étudiants.

8. pour aller plus loin,
   ne jamais demander
   son chemin à qui
   ne sait pas s'égarer

Roland Giguère, cité par Jacques Brault dans *La Poésie ce matin* (Grasset, 1971, p. 10).

Non au savoir qui nous assomme ou nous étourdit. Oui au savoir qui nous libère. Réaliser l'utopie.

9. Les humanistes qui nous ont enseigné nous affirmaient que la culture n'était pas un pur savoir mais une affaire personnelle. Faisant cela ils pensaient sans doute bien faire mais ils ne faisaient que servir «la classe d'exploiteurs» en nous cachant que la culture était d'abord une affaire sociale, collective.

10. Il faut répéter que les véritables problèmes ne sont pas pédagogiques mais politiques et économiques. Les étudiants qui ont fait la fête d'octobre 1968 le savaient instinctivement quand ils mettaient tout sur le dos du système.

11. Cessons de dire que les étudiants qui participent activement au syndicalisme étudiant ne représentent pas la majorité; disons plutôt que ces étudiants militants travaillent pour tous les étudiants en faisant de l'étudiant un interlocuteur valable.

12. Le gouvernement québécois ne semble guère différer du gouvernement français: l'école capitaliste fait de l'étudiant de la chair à industrie.

de la participation (cogestion) en démontrant avec éclat, dans la réalité de son action, que ces mots n'ont aucun contenu, ou un contenu plus que suspect. (IP, 199)

13. De même, dans les «méthodes actives» qui connaissent naturellement un regain d'importance dans les sphères du pouvoir, les élèves sont conviés à s'exprimer, à dialoguer, à participer, non afin d'aboutir à la prise en charge de leur procès de travail (d'apprentissage), mais afin d'accepter plus aisément, les décisions du maître, les programmes, normes et finalités instituées de l'enseignement, défendues ou intériorisées par les enseignants, et, en définitive, l'idéologie du savoir qu'on veut leur imposer. (IP, 200)

14. Au mois de juin, M. Capitant ne cachait pas que la participation était l'ultime barricade du système capitaliste contre l'autogestion (interview dans la revue *Informations industrielles et commerciales*, no 1205, 14 juin 1968). (IP, 201)

15. C'est sur les lieux de travail, non dans l'univers séparé de «la politique» comme pratique spécialisée, que l'autogestion peut se développer et analyser ses propres contradictions. Ne plus séparer pratique sociale et pratique politique, cela ne signifie pas les confondre dans un monisme spontanéiste, mais instituer entre ces deux pratiques des rapports réels, c'est-à-dire *politiques*. (IP, 203)

16. Opter pour une pédagogie soi-disant moderniste (en fait, une reprise des vieux projets, complètement dépassés théoriquement, des «méthodes actives»), c'est participer... à la stratégie de colmatage des brèches qui, assez intelligemment jusqu'ici est celle du pouvoir. (IP, 204)

17. Weber remarque que nous ignorons le fonctionnement de la plupart des objets fabriqués dont nous nous servons (un tramway, un fusil, la monnaie) et de la plupart des institutions qui déterminent notre pratique sociale. La méconnaissance des règlements est produite par le système social qui prétend les transmettre et les faire respecter (IP, 210)

RESPECTER (IP, 210)

18. L'instituteur, le professeur de mathématiques ou de technologie, ne sont pas des machines à enseigner. L'analyse des conditions réelles de leur travail, qu'il s'agisse de l'école, du lycée ou de la faculté, ne peut être laissée de

13. Les méthodes actives rendent souvent les étudiants passifs (de bons consommateurs) et ignorants (juste bons à dire leurs opinions).

14. Sans commentaire.

15. Tout ce qu'on veut en somme c'est de dévoiler les rapports réels entre le Savoir et la société; arrêtons de ranger le savoir avec les problèmes pédagogiques et la société avec les problèmes politiques. Rien n'est simple, tout est complexe.

16. L'étudiant ne suit pas un cours pour jouer aux méthodes actives mais pour apprendre quelque chose de neuf qui lui permette de créer d'autres liens avec le milieu social qui l'entoure.

17. Il faudrait donner à chaque cégépien un document où on lui indique qui prend les décisions à propos de sa démarche d'apprentissage et pourquoi: pourquoi cette personne et pas lui, et pourquoi cette décision plutôt que telle autre.

18. Toute matière a une histoire et le montrer à l'étudiant lui permettra de saisir les rapports de cette matière avec une société donnée.

côté sans entraîner une sorte de naturalisation magique de la «matière» dont ils sont chargés.

19. dans les années 70, l'alternative n'est plus tout à fait entre enseignement autoritaire et enseignement libéral, mais entre un enseignement de plus en plus impossible (sauf avec une dose extraordinaire de naïveté) et un travail de formation centré sur l'analyse des tâches fragmentaires, de leurs implications, de leurs débouchés, de leurs fonctions dans la division du travail. (IP, 215)

20. En effet, l'essence du directivisme, en éducation, réside dans la croyance selon laquelle l'enfant n'apprend que parce qu'il y est obligé par l'adulte. Cette croyance, qui contient une dure vérité (ce que l'enfant apprend par ce moyen, c'est précisément que le rôle d'adulte est un rôle de contrainte), laisse de côté les autres influences formatrices. (AI, 247)

21. Au lieu de rationaliser la transmission pédagogique au point de croire qu'un cours «donné» est un cours «reçu», on ferait mieux de se poser modestement la question suivante, à propos du cours: «Qu'est-ce que «ça» lui apprend (à l'enfant)? En quoi le savoir accumulé et formulé par l'enseignant a-t-il des chances de devenir le savoir de l'enseigné?» (AI, 248)

22. À l'un des moments les plus «faustiens» de la vie, l'adolescence (l'autre grand moment faustien étant l'entrée dans la vieillesse), on remarque que les classes de collège ou de lycée se structurent en fonction de deux polarités vécues (plus ou moins fantasmatiquement) comme antithétiques: d'un côté les élèves qui réussissent à l'école, /.../ de l'autre les moins brillants et les «cancres», libidinalement plus avancés /.../ (AI, 250)

23. La négativité que Hegel reconnaît à l'éducation familiale (le bon sens la reconnaît aussi, mais non les entrailles des parents), fait que le jeune homme doit à un moment donné quitter sa famille comme institution de la formation s'il veut devenir à son tour instituant. Or, cette négativité est à l'oeuvre dans toutes les institutions éducatives, sur tous les lieux et dans tous les moments du savoir institué. (AI, 251)

24. c'est de plus en plus hors des lieux et des moments de l'apprentissage scolaire, dans les organismes de formation

19. Pour que l'enseignement soit encore possible il faut que le savoir soit élaboré à partir des étudiants et non du professeur. Le savoir élaboré à partir des étudiants aura plus de chance de correspondre au monde d'ici et de maintenant. Il faut aussi ne pas compartimenter les savoirs mais au contraire souligner comment les savoirs se traversent les uns les autres.

20. L'enseignant n'est pas là pour faire peur à l'enseigné mais bien pour lui apprendre à saisir le monde, à devenir fort c'est-à-dire libre. Ce que les enseignés et les enseignants doivent apprendre ici ensemble ce ne sont pas tellement les connaissances du programme que les connaissances qui les aideront à éliminer la peur et l'ignorance dans leur collectivité.

21. Tant que l'enseignant n'aura pas pris conscience qu'il est là avant tout *pour* les étudiants et que l'enseigné aura l'impression que le professeur n'est pas avec lui, pour lui, il arrivera ce qui arrive de la plupart des cours: ils n'auront rien donné à personne (sauf de l'argent à l'enseignant, un diplôme à l'enseigné, une garderie pour la société). Ce qu'il faut donner c'est soi-même comme quand on aime.

22. L'école avec le travail qu'elle donne à l'étudiant le force presque à sublimer sa sexualité. Ainsi ceux qui ne peuvent sublimer c'est-à-dire qui tentent de vivre leur sexualité sont presque amenés à échouer leurs études puisqu'ils n'y mettent plus autant d'heures de travail. Ou le travail (demandé par la société) écrase la sexualité de l'individu, ou la sexualité écrase le travail. Il faudrait qu'on travaille à résoudre ce dilemme.

23. Qu'un étudiant ait hâte de sortir du collège marque donc un signe de santé et de force chez lui; mais cela marque aussi que le savoir qu'on lui donne n'est plus efficace, n'a peut-être jamais été efficace.

24. Les seules connaissances intéressantes sont celles qui changent ma vie c'est-à-dire mon travail, mes désirs, mes

spéciale parallèle ou complémentaire, dans le recyclage, etc., que l'on vient chercher une formation (AI, 251)

25. Le schéma hégélien des trois moments du concept indique assez que le moment de la particularité n'est qu'un moment — indispensable — et que son articulation avec les deux autres moments est nécessaire si l'on veut éviter l'autodidactisme permanent, l'amateurisme et autres formes de l'autisme intellectuel. Mais cette articulation n'est possible qu'à partir du moment de la particularité; si l'on néglige ce moment *négatif* on risque de produire des «têtes bien pleines» qui n'auront même pas la consolation, réservée à une époque ancienne, de croire que ce «plein» est celui de l'universalité. (AI, 252-253)

26. La pédagogie institutionnelle est alors la méthode qui consiste à aménager, par une analyse permanente des institutions externes, la marge de liberté dans laquelle le groupe-classe pourra autogérer son fonctionnement et son travail, assurer sa propre régulation par la création d'institutions internes. (AI, 255)

27. Une «organisation» latente, informelle ou clandestine, existe derrière la façade de l'organisation officielle la plus cohérente, la plus directive. Le propre de la technique d'autogestion ne peut être que de mettre à jour cette organisation (au plus actif du terme), non pour confier l'apprentissage aux délices et aux pièges du spontanéisme, mais au contraire pour pouvoir contrôler cette puissance toujours disponible du lien social. (AI, 261)

28. Le subréaliste s'identifie trop aux institutions. Le surréaliste ne s'identifie pas suffisamment aux institutions. Le G.T. et son idéologie ergologiste, confondant l'action possible du groupe-classe avec ses déterminations institutionnelles (programmes, horaires, sanctions, etc.) se réfère à l'atteinte subréaliste. Le G.B., avec l'accent mis sur l'existence et la singularité du groupe, l'inter-subjectivité, le «tout dire», l'association libre comme discours plein, se réfère à l'atteinte surréaliste. (AIP, 118)

29. Le groupe comme contre-institution, cela suppose non un refus de toute institution, mais l'institutionalisation de la lutte anti-institutionnelle afin de combattre l'adversaire par ses propres armes. (AIP, 130)

liens avec les autres. Qu'est-ce qui peut bien intéresser un cégépien dans le programme que lui donne le ministère de l'éducation?

25. Aux trois moments que dégage Hegel — universalité, particularité, singularité — correspondent trois enseignements. À l'universalité correspond un enseignement de purs concepts ou de sciences exactes. À la particularité correspond un enseignement pragmatique qui donne des recettes ou un enseignement humaniste qui varie selon les goûts de chaque individu. À la singularité correspond un enseignement où les connaissances (le savoir) sont mises en rapport avec le groupe (la classe, mais aussi la société dans laquelle vit ce groupe).

26. Ce qu'il faudrait mettre en clair dans chaque classe c'est le partage des pouvoirs entre le ministère, l'enseignant payé par le ministère et les enseignés que la société envoie à l'école.

27. L'autogestion n'est pas un instrument de révolte mais un procédé révolutionnaire qui permet de mettre à jour le fonctionnement d'un système. Elle constitue donc un enseignement valable puisqu'elle montre à chaque individu les rouages de la production de son travail: cela ne peut que l'intéresser.

28. «subréaliste» et «surréaliste» renvoient à deux types d'aphasie étudiés par J. Gabel dans *La Fausse Conscience:* «l'aphasie subréaliste se manifeste par un rationalisme morbide» tandis que «l'aphasie surréaliste se manifeste par un réalisme morbide». «G.T.» correspond au groupe de travail dans une classe c'est-à-dire aux étudiants qui fournissent des travaux solides. «G.B.» correspond au groupe de base d'une classe c'est-à-dire aux étudiants qui savent que la vie est en dehors de la classe.

29. Pour que le groupe devienne une contre-institution il faut qu'il ait réussi à dépasser le conflit interne entre le G.T. et le G.B. pour devenir un groupe-sujet. Pourquoi être contre l'école actuelle diront quelques-uns? Tout

30. La «règle» du petit groupe n'est qu'apparemment, idéologiquement et rationnellement, une anti-règle ou une absence de règle, ou une transgression de la règle. Plus essentiellement, elle apparaît comme un travail (ce terme étant connoté ici par l'idée de souffrance, de tension) en vue de se placer illusoirement dans le lieu magique de l'action instituante, où s'opère le mystère de la création, de l'invention de nouvelles formes sociales, de nouveaux rapports sociaux: le lieu de l'instant pur. (AIP, 163-164)

31. Ce qui frappe beaucoup les échanges «facilités» par le moniteur non-directif, c'est l'absence du désir, et la présence obsédante, sans doute parce que «facilitée», d'une bonne volonté surmoïque tendue vers l'empathie, l'apitoiement réciproque, la compréhension, l'acceptation inconditionnelle (sic!) et autres notions «de base» du groupe de base. (AIP, 168)

32. «L'examen n'est qu'une formalité maçonnique, la reconnaissance légale du savoir civique en tant que privilège. La «liaison» de la «fonction publique» et de «l'individu», ce lien objectif entre le savoir de la société civile et le savoir de l'État, l'examen, n'est rien d'autre que le *baptême bureaucratique du savoir*, la reconnaissance officielle de la *transsubstantiation* du savoir profane en savoir sacré (il est bien entendu, dans tout examen, que l'examinateur sait tout).» (citation de Marx, AIP, 177)

33. la fonction bureaucratique dans l'enseignement est inséparable d'une «fonction» encore plus honteuse, mais de plus en plus manifeste: la «fonction» *orthopédique*, dis-

simplement parce que nous ne pouvons plus fermer les yeux sur la grande castration qu'opère de plus en plus douloureusement l'école. Avons-nous le droit, diront d'autres, de changer l'école? Non si l'école n'appartient pas au peuple, oui si elle lui appartient. Et le peuple c'est d'abord les enseignés et les enseignants qui y travaillent. 30. Des petits groupes naissent un peu partout — communautés de base, groupes de travail — c'est là un signe que les temps changent, que les institutions en place — l'église, l'école — ne répondent plus aux besoins de leurs clients. C'est à nous d'inventer notre futur aujourd'hui et pour cela il faudra lutter contre tous les esprits réactionnaires ou cyniques qui infestent notre milieu. Il faudra surtout prendre garde de nous complaire dans nos petits groupes parallèles et pour cela ne jamais oublier notre projet utopique de changer la vie (Rimbaud), de transformer le monde (Marx). Ne jamais désespérer de réaliser notre utopie: c'est grâce aux utopistes que le monde avance.
31. Un non-directivisme qui amènerait les gens d'un groupe à s'accepter inconditionnellement vient d'un sentimentalisme réactionnaire car il contourne les conflits et évite ainsi de s'engager dans des luttes formatrices. Il faut que les désirs jaillissent et que des luttes s'engagent si nous voulons transformer le monde.

32. Depuis octobre 1968, et malgré la répression qui a suivi cet octobre, je ne cesse d'avoir confiance aux étudiants. C'est par eux que j'ai commencé à acquérir une conscience politique. Je suis heureux que les étudiants aient réussi à faire supprimer l'examen final; je serai aussi heureux quand ils exigeront de la société (représentée par les enseignants et les administrateurs) la cogestion ou l'autogestion de leur apprentissage. Les étudiants ne demandent pas la coévaluation ou l'autoévaluation pour se mettre des grosses notes ou pour ne rien faire mais bien pour transformer leur travail-esclavage en un travail qui réponde à leurs désirs.
33. Borduas écrivait déjà en 1949 dans ses *Projections libérantes*: «Notre enseignement est sans amour: il est intéressé à fabriquer des esclaves pour les détenteurs des

27

ciplinaire et policière. (AIP, 178)

34. la non-directivité ne se réfère pas aux attitudes inter-personnelles, mais au rapport que le «maître», ou «l'expert» entretient avec les institutions, spécialement avec le savoir — donc, *en conséquence*, avec les enseignés. (AIP, 179)

35. Le pédagogue est la caution de l'institué: assumant et légitimant les contradictions de plus en plus «insupportables» entre la réalité sociale et l'idéologie officielle, il occupe, dans la division du travail, la place qu'occupent dans d'autres systèmes institutionnels le sous-officier ou le vicaire de paroisse: la plus exposée. (AIP, 197)

36. La matière de l'éducation /.../ c'est sa forme, c'est la société scolaire comme lieu de l'apprentissage des conduites sociales. Le rapport de soumission absolue de l'individu aux institutions, le respect de l'institué, la défiance à l'égard des conduites instituantes, voilà de quoi est fait cette matière, pour Durkheim et ses successeurs. (AIP, 203)

37. En fait, il s'agit d'une *méconnaissance instituée* derrière une façade idéologique où il n'est question que de réciprocité, d'échange, de relations humaines, de contact, de dialogue, de participation. Il s'agit d'un *non-savoir institué* comme naturel et fonctionnel derrière la façade universaliste de l'instruction pour tous, de l'information indispensable aux employés ou aux usagers, de la science comme région des égaux. Les institutions complotent derrière le dos des citoyens qui sont censés «ne pas ignorer la loi», mais dont l'éducation fait de parfaits analphabètes quant à l'action sociale qui les concerne directement ou indirectement. (AIP, 213)

38. Changer la société par l'éducation, ou plus modestement, changer les quelques individus dont l'enseignant a la charge, ces deux projets, parfois réunis, ne sont pas irrémédiablement frappés d'utopie. Mais ils ne peuvent s'inscrire concrètement dans la pratique éducative qu'à la condition de reposer sur une base sociologique solide. Cette base, on propose ici de la nommer: analyse permanente de

pouvoirs économiques; intéressé à rendre ces esclaves efficaces.»

34. Cette mise au point est essentielle non-directivité ne veut pas dire anarchie dans les rapports qu'ont les membres d'un groupe mais plutôt marque que le savoir n'est pas directif, absolu. Être non-directif c'est élaborer un savoir à partir du groupe au lieu d'imposer au groupe un savoir établi d'avance. Être non-directif c'est engager le groupe dans un effort de compréhension du milieu qui l'entoure par le biais d'un savoir particulier.

35. Être à la place la plus exposée n'est pas pour me déplaire; c'est peut-être de cette place que je peux lutter le plus efficacement. Et c'est aussi de cette place que je peux participer aux fêtes populaires qui remuent de temps en temps notre société.

36. Je rêve d'une école qui apprendrait au peuple à décider de ce qui est bon pour lui, d'une école qui ait des finalités autres que de donner à la classe exploitrice des travailleurs efficaces à augmenter ses profits et des consommateurs non avertis.

37. Ici René Lourau définit ce qu'il appelle le complot institutionnel. Ce qu'on cache c'est la raison et le fonctionnement de l'institution. Par exemple quand je souhaitais que l'on distribue aux cégépiens un document qui identifierait les pouvoirs en action, il s'avère bien que cela est impossible car il faudrait reconnaître que l'enseigné n'a aucun pouvoir, que le ministère ne représente pas le peuple mais la classe dominante qui exploite le peuple, que la philosophie de l'éducation du ministère est bourrée de propositions idéalistes qui masquent les buts réels de l'école: garder les enfants, leur apprendre à être soumis, en faire des techniciens efficaces dépourvus d'esprit critique.

38. La direction des services pédagogiques d'un collège devrait être chargée de fournir aux enseignants et aux enseignés cette base sociologique qui indiquerait les conditions réelles de leur travail. Mais cela ne saurait être possible que si cette direction était autonome et non chargée de transmettre les politiques officielles qui ne sont

l'action contradictoire, massive, violente et occulte des institutions au beau milieu de notre pratique éducative, quelles que soient les apparences neutres, ou scientifiques de notre enseignement. (AIP, 215)

39. Qu'il (l'enseignant) soit ou non conscient des transferts dont sa personne est l'objet, il a peut-être des difficultés à comprendre que l'amour et la haine dont il est l'objet s'adressent aussi, à travers son statut transparent comme un uniforme ou une livrée, à l'institution scolaire et au système d'institutions qui s'articulent avec l'école. *Au nom de qui* parle-t-il, garde-t-il le silence, punit-il, récompense-t-il? Telle est la question qui ne peut trouver que deux réponses: soit dans l'analyse du procès du travail de l'enseignant par l'enseignant et par le collectif enseignant-enseignés; soit dans l'amoncellement de plus en plus insupportable des «acting-out» de la part des enseignés. (AIP, 216-217)

40. L'école de papa, avec tout ce que cela représente de reproduction imperturbable des rapports sociaux dominants et de production d'un idéalisme sordide, n'est plus ce que nous avons sous les yeux. Un ensemble de révélateurs — crise violente, malaise permanent, anomie, expériences pédagogiques régulières ou «sauvages», permet de l'affirmer. Comme ces marins qui, à la fin du paganisme officiel, entendirent dans le ciel une voix proclamant que le grand dieu Pan était mort, nous percevons de tous côtés et à tous les niveaux de l'institution éducative cette voix qui, annonçant un avenir proche ou anticipant sur un constat inévitable, murmure que l'école est finie. (AIP, 225)

41. L'école est finie, cela signifie non seulement la fin du dialogue, de la pédagogie contractuelle, mais la fin de l'institution elle-même, en tant que rouage socialisateur de la société. La réaction actuelle contre les formes nouvelles apparues en 1968 ne saurait être retour pur et simple au passé. L'histoire ne change pas de cours aussi facilement que l'on change de chemise, même si des retournements brusques, des coups de frein presque imprévisibles, *semblent* nier la dialectique des événements. Le retour à l'institution indiscutée et indiscutable est un fantasme, une superstition passéiste. (AIP, 226-227)

en définitive pas autre chose que des politiques économiques.

39. L'enseignant aujourd'hui n'a pas d'autre choix que de s'engager pour ou contre l'institution où il travaille. C'est cet engagement qui donne de la valeur à son enseignement. Celui qui est contre l'institution fait figure de révolutionnaire (les transformations) ou d'utopiste (les rêves). Celui qui est pour l'institution fait figure de policier (les notes) ou de rhétoriqueur (les discours officiels). Chacun est-il libre de prendre la figure qu'il veut?

40. L'école n'est plus là pour conserver le passé; elle est là pour critiquer le passé et en garder ce qu'il y a de meilleur, ce qu'il y a de plus révolutionnaire c'est-à-dire de plus vivant. L'école n'est plus là pour garder les idées d'une élite mais pour construire le savoir de tout un peuple qui aspire à l'autonomie. Et ce peuple est le peuple québécois.

41. L'école qui se définit encore comme «rouage socialisateur de la société» est assez naïve car elle considère notre société comme un bien à atteindre. L'école aujourd'hui — je ne parle ici que de l'école publique, que de l'école pour le peuple — ne saurait être qu'un lieu où les rouages de la société seraient dévoilés (déconstruits), critiqués. L'école en développant sa fonction critique collera plus à l'homme moderne qui est en révolution permanente.

00. Tout ceci qui vient d'être écrit ne sera sans doute compréhensible qu'à ceux qui comme moi ont commencé à enseigner en mai 1968 : j'avais vingt et un ans, une bonne culture humaniste. En cinq ans j'ai eu le temps de voir comment la culture humaniste me séparait du milieu ouvrier où j'avais grandi, du peuple québécois qui était le mien. Peu à peu grâce aux étudiants j'ai transformé ma culture humaniste à la gloire de l'Homme en une culture révolutionnaire au service des femmes et des hommes québécois. Si je blâme ceux qui m'ont enseigné de s'être réfugiés dans la tour d'ivoire des concepts purs, je leur suis reconnaissant de m'avoir appris à écrire. Mais le meilleur de ma formation vient sans doute des étudiants.

Octobre 1972

2

LA LINGUISTIQUE, LA POÉTIQUE

> La stricte observance des principes de la linguistique con-
> temporaine cédera-t-elle devant ce que nous appelons *le
> point de vue littéraire*
>
> MALLARMÉ

Voici la description d'un cours de linguistique que j'ai donné à des étudiants
de lettres en tentant d'utiliser la linguistique pour l'analyse du texte littéraire.
Le cours était divisé en quatre jeux: phonique, lexical, syntaxique et sémantique. Le corpus de textes littéraires était composé des quatre recueils
poétiques suivants: *Suite logique* de Nicole Brossard, *Parler de septembre* de
Fernand Dumont, *Minibrixes réactés* de Lucien Francoeur et *Les Coqs
égorgés* d'Alain Horic.

1

LE JEU PHONIQUE

Au lieu de commencer à repérer les structures phoniques qui se répètent,
créant ainsi de nouveaux rapports entre les mots et donnant plus de densité,
une texture plus serrée au texte, ou encore de calculer le pourcentage
d'utilisation de chaque phonème du texte et d'interpréter le haut pourcentage
de certains phonèmes, j'ai préféré commencer par forcer les étudiants à prendre un bain de langage: il s'agissait de les tremper dans le langage, de leur

faire retrouver le plaisir du jeune bébé qui tente de prononcer toutes sortes de syllabes. Pour cela nous avons pratiqué toutes les associations graphiques et phoniques qui nous traversaient (qui nous passaient par la tête, qui nous venaient de notre mémoire linguistique): cela nous a donné à partir d'un texte de treize vers de Fernand Dumont environ deux cents associations. Chaque heure apportait plaisir (plaisir de trouver ce qui s'étale à la surface du texte) et fatigue (nous ne sommes pas habitués à jouer dans les circuits — électriques — de notre réserve linguistique et à laisser passer tous les mots — à cause de l'auto-censure —; il a fallu nous habituer aux chocs).

Qu'est-ce que cela nous a appris? D'abord à ouvrir un texte, à le faire jouer; cela permet d'entrevoir quelque chose qui diffère de la traditionnelle explication de texte qui veut cerner l'univers d'un auteur: la possibilité de traversées de l'inconscient du langage (donc de tous ceux qui sont parlés par ce langage). Aussi n'ai-je pas été surpris de voir que ce texte était constitué par le tissage d'au moins sept textes différents: la mère, la détresse, la nuit, la fabrication poétique, l'amour tragique, la religion, les fricatives f et v. Ce jeu, ce travail que nous avons fait permet de voir qu'un texte n'a peut-être pas de centre, pas de vérité, mais qu'il est plutôt un objet qu'il s'agit de faire jouer dans tous les sens; nous avons alors une idée du domaine du non-sens auquel nous accédons après avoir maîtrisé le sens: le domaine du non-sens correspond à notre inquiétude, à notre hésitation face à la sexualité, à la mort, à l'origine, au langage — dans le non-sens nous apprenons des vérités invérifiables —.

Qu'avons-nous fait? Nous nous sommes éloignés d'un savoir linguistique précis (l'alphabet phonétique international), mais sans l'oublier tout à fait, pour tenter d'accéder à un savoir qui nous prive moins, qui nous castre moins, ce savoir le philosophe Nietzsche l'appelait le gai savoir, une fête. Voici quelques traces de cette fête: «je ne rêve qu'à Eve», «comme gomme l'homme», «l'arbre ironisent» donne «Abélard Héloïse», «qu'elles s'embrouillent» donne «qu'elle s'enroule» ou «quel sang bouille (couilles)» ou «quel sang rouille» ou «quel ambre houille», «en ces forêts lointaines» donne «encéphallogrammes», «ce silence» donne «ceci lance», etc.

Encore deux points. D'abord sur la pratique des associations. Voici la règle à suivre: faire les associations à partir des mots du texte et non pas à partir de d'autres associations déjà trouvées sinon on risque un éparpillement trop grand — on va rapailler tout le dictionnaire — et une perte de sens difficile à supporter — on peut alors tomber dans la niaiserie la plus sotte — (à ce sujet il faudrait dire que le domaine du non-sens n'est pas le lieu du délire mais le lieu des vérités étranges et pourtant on ne sait trop comment tout à fait

justes). Le second point: sur l'accueil d'un tel jeu (travail) par les étudiants.
La plupart acceptent de se mouiller, de se tremper dans la mer des mots,
quelques-uns cependant sont inquiets: alors les questions: «à quoi ça sert?»,
«où cela va-t-il nous mener?», «est-ce que c'est ça faire de la linguistique?». Il
y aura toujours des gens qui ont peur de l'eau; alors ils touchent l'eau de la
pointe du pied et, s'ils s'y trempent, ils vous diront: «et puis après!».

J'ai terminé cette étude en montrant aux étudiants comment repérer les structures phoniques identiques à partir d'une transcription phonique et pourquoi
s'interroger sur le haut pourcentage d'utilisation d'un phonème; cette dernière opération ne nous a guère appris quelque chose de neuf sur le texte car
nous avions déjà vu la fonction de la plupart des phonèmes qui avaient un
pourcentage d'utilisation plus fort que la norme. Je regrette de n'avoir pas eu
le temps de faire rêver à la graphie de chaque lettre, de faire remarquer le
plaisir (ou le déplaisir) musculaire que donne l'articulation de chaque
phonème; je n'ai pas parlé non plus de la durée des voyelles entravées et
accentuées qui modifient le rythme d'un texte.

2

LE JEU LEXICAL

J'ai commencé par définir les concepts de monème, de lexème et de
morphème selon la terminologie de Martinet, tout en rappelant que le
monème constituait la première articulation et le phonème la deuxième articulation. J'ai aussi proposé la terminologie de Pottier: morphème, lexème et
grammème. Après avoir défini ces concepts j'ai découpé la phrase suivante:
«nous travaillons dans le pré» en onze monèmes (ou morphèmes). Cette terminologie a été surtout donnée pour que les étudiants dans leurs futurs cours
sachent de quoi il est question quand on l'emploie; ce qu'il faudrait surtout
retenir c'est le caractère de série ouverte du lexème et de série fermée du
morphème parce qu'il est à prévoir que l'étude des séries fermées est plus
profitable, ces séries constituant des espèces d'invariants de la langue. Ensuite
j'ai fait une courte parenthèse pour distinguer les quatre mots suivants: grammaire, linguistique, sémiotique, poétique. J'ai alors précisé que ma démarche
constituait à donner d'abord les concepts linguistiques, puis au lieu de
chercher à retrouver ces concepts dans des exercices, tenter de les oublier pour
les réinventer d'une façon intuitive à partir des textes du corpus. Puis nous
sommes entrés dans ce travail intuitif par la méthode des colonnes de Louis
Dupont *(De l'analyse grammaticale à l'analyse littéraire)*. Nous avons dis-
tribué les mots de quatre textes dans six colonnes: les pronoms, les noms, les

adjectifs, les adverbes, les verbes et les mots de liaison. Ensuite il s'agissait pour chacune de ces catégories de trouver le système — un ensemble d'éléments qui se définissent par leurs relations — qui les fait exister . Nous n'avons eu le temps d'étudier que les deux premiers systèmes: les pronoms et les noms.

Le système des pronoms. Nous avons d'abord classé selon notre «sentiment linguistique» les différents pronoms qui apparaissaient dans les quatre textes. Puis nous avons cherché la base, le centre du système; nous nous sommes vite aperçu que c'était le pronom je, c'est-à-dire le sujet de l'énonciation. Il ne nous restait plus qu'à trouver les relations du je. Nous n'en avons trouvé que deux: je — tu ou (je) — il: soit l'échange entre les personnes, soit le discours scientifique ou «objectif». Ce qui nous a forcés à reconnaître que la troisième personne il n'est pas une personne: donc pas de différence nette entre il pleut et il marche. Enfin j'ai posé la question du sujet de l'énoncé. Si nous avons vite vu que le sujet de l'énonciation est toujours je, j'ai eu quelque difficulté à faire admettre que le sujet de l'énoncé était aussi toujours je: je ne parle que de je. J'ai alors rappelé l'histoire du sujet telle que décrite par le psychanalyste Jacques Lacan: non-je, je spéculaire ou je du miroir, puis je symbolique ou je du langage. Ce je symbolique permettant de me différencier (de m'identifier, de me séparer des autres), m'oblige sans cesse à répéter cette différence, cette séparation, d'où la double formule lacanienne: parler c'est séparer, parler c'est se parer. Ici encore je me suis éloigné de la voie traditionnelle des descriptions linguistiques pour aborder une question interdisciplinaire: le jeu du je. Jeu du je parce qu'il faut bien dire en définitive que le je n'est qu'un effet de langage. Cette proposition apparemment choquante, à qui sait la maîtriser peut apporter ce que Nietzsche appelait le gai savoir.

Le système des noms. Après avoir classé intuitivement les noms, nous avons cherché la notion qui nous permettrait de bâtir le système. Cette notion nous l'avons trouvée dans l'opposition concret/abstrait. Nous avons alors bâti tout un système qui distinguait quatre types de concret et deux types d'abstrait. Mais ce système fonctionnait plus ou moins bien avec certains mots (sinon tous) qui semblaient osciller entre plusieurs types. Par exemple quand je dis enfance, je peux à la fois voir les enfants autour de moi, me rappeler des souvenirs de mon enfance, faire des associations linguistiques, définir le concept psychologique. Où est le concret? Où est l'abstrait? Nous ne le savons pas: ce qui nous fait rejeter cette opposition. Nous préférons dire qu'un nom est une représentation (donc une abstraction) simultanée de perceptions — sensations et souvenirs — et de concepts — définitions par relations —. Cette définition du nom à première vue paraît convenir à n'importe quel lexème; elle s'appliquerait à n'importe quel lexème de la série suivante: action, actif, activement, agir. Ceci conduit à dire que tout lexème est une réalité complexe, mouvante: un nom bouge autant qu'un verbe. Le lexème sert donc non seulement à découper le monde mais aussi à le représenter par le mouvement.

J'ai ensuite examiné l'opposition nom propre/nom commun, et par le fait même l'utilisation de la majuscule au début du nom ou de la minuscule. J'en suis arrivé à la conclusion que le nom commun était le vrai nom, celui qui fait partie d'un système de différences où aucune différence ne dépasse une autre. Tandis que le nom propre serait un nom de nom (nom de personne, nom de lieu géographique, etc.) ou encore une marque de la philosophie idéaliste (le Vrai, le Beau, etc.).

Voici d'autres études que j'aurais aimé esquisser: étudier un champ lexical — les lexèmes de la classe par exemple — où nous aurions pu montrer que chaque mot n'existe qu'en fonction des autres mots, que par différences avec les autres mots. Il faudrait aussi questionner les morphèmes du temps — qu'est-ce que le présent? —, du nombre — l'article défini/indéfini, les quantités discrètes/continues, l'opposition singulier/pluriel —, du genre — sa relation à la sexualité —. Je peux difficilement parler de l'accueil d'un tel jeu par les étudiants, ce jeu ayant été élaboré pendant certaines manifestations sociales: la grève des étudiants à l'U.Q.A.M. ou le carnaval ici et ailleurs; le morphème je a eu leur plus grande attention.

3

LE JEU SYNTAXIQUE

J'ai commencé ce jeu en donnant trois séries de notes. La première série concernait l'élaboration d'un arbre syntaxique (le modèle choisi est celui qui est exposé dans le livre de Jean et Françoise Dubois, *Éléments de linguistique française: syntaxe*); la seconde était un résumé de l'article de Jakobson «Deux aspects du langage et deux types d'aphasie» qui nous permettait de montrer l'articulation du jeu syntaxique (axe syntagmatique ou pôle métonymique ou pôle de la réalité) et du jeu sémantique (axe paradigmatique ou pôle métaphorique ou pôle du désir); et la troisième concernait les notions de sujet et de prédicat — nous avons montré comment le sujet en littérature et le sujet en linguistique ne se recoupent pas nécessairement — et les trois principales opérations rhétoriques sur l'ordre des mots à savoir la liaison, l'inversion et l'ellipse.

Quand nous sommes arrivés à l'analyse syntaxique d'un premier texte du corpus, j'ai eu quelques hésitations: j'étais forcé de reconnaître que l'élaboration des arbres syntaxiques du texte ne nous apporterait guère plus que les notions habituelles de la rhétorique ou celles de l'opposition phrase simple/phrase complexe — j'ai défini la phrase simple par la suite suivante 1 SN — 1 SV —. Je me suis sorti de ce mauvais pas grâce à un article d'Ivan Illich «L'Eloquence du silence» où celui-ci affirmait: «Apprendre un langage consiste plus à reconnaître les silences que les syllabes». C'est ainsi que j'ai continué à travailler autour de l'hypothèse suivante: le jeu syntaxique est le jeu du silence dans le langage. Il s'agissait alors de voir comment la syntaxe du texte poétique produisait du silence et nous forçait à faire attention aux mots. D'une certaine façon c'était renverser l'attitude habituelle face à la syntaxe: au lieu de voir comment les mots s'enchaînent, il fallait voir comment les mots se séparent.

Pour identifier les différents types de silence j'ai eu d'abord recours à la classification d'Illich qui distinguait un silence avant les mots, entre eux et après eux. Le silence avant les mots, celui du haut de la page et de la marge de gauche, a été appelé le silence de l'attente. Le silence après les mots, celui du bas de la page et de la marge de droite, a été appelé le silence de l'après-coup: c'est un silence plein, chargé de tout ce qui a été lu avant. Le silence entre les mots pourrait être appelé un silence de l'attention; il s'agit de voir comment les mots, certains mots, sont entourés de silence: soit parce qu'on a changé leur ordre habituel, soit parce qu'ils font partie d'un syntagme elliptique, soit parce qu'ils invitent à des jeux phoniques provoquant le démembrement de leurs syllabes, soit parce qu'ils ont déjà été lus — la répétition faisant disparaître les mots —, ou soit parce que leur juxtaposition crée un contraste. Bref on peut dire que le jeu syntaxique est le jeu du blanc, des espace(ment)s entre les mots, entre leurs syllabes mêmes. L'oeuvre de Mallarmé reste l'instrument par excellence pour ouvrir ce jeu si souvent plié; la syntaxe n'est pas autre chose en définitive que ce coup de dés qui n'abolira jamais le hasard. Je ne sais jamais comment les mots vont tomber; c'est cette surprise qui en littérature produit du plaisir, et dans ce silence qui accompagne cette surprise notre désir a des chances d'apparaître.

La syntaxe générative qui est un «système des règles définissant les phrases permises dans une langue» (*Dictionnaire de linguistique*, Larousse, 1973) n'est donc guère utile pour étudier la syntaxe du texte littéraire qui souvent passe outre à ce qui est permis. Les étudiants ont eu quelque difficulté avec ce jeu: ils arrivaient difficilement à concevoir les silences autrement que comme des pauses respiratoires correspondant aux accents rythmiques. Les silences en effet tels que nous les avons étudiés comprenaient évidemment ces pauses de la voix mais ce n'était pas là l'essentiel; les principaux silences correspondaient plutôt à une opération de la pensée: il y avait silence quand la pensée s'arrêtait, portait attention aux mots — voir ce que j'ai dit plus haut du silence d'attention —. Ce silence ne correspond donc pas à un vide mais à un travail de manducation lente des mots; au lieu de poursuivre le texte d'une façon continue, je m'arrête ici et là pour constater telle juxtaposition, telle répétition, ce qui me permet de manger les mots syllabe par syllabe.

4

LE JEU SÉMANTIQUE

Pour ce jeu j'ai d'abord donné une série de notes qui pourraient nous aider à étudier la question du sens dans le texte littéraire. Si j'ai expliqué brièvement les concepts de sème et de sémème (à partir de l'ouvrage de Greimas, *Sémantique structurale*) qui permettent d'opérer le découpage des unités de sens, je me suis arrêté un peu plus longuement sur le couple dénotation / connotation. Après avoir défini la dénotation comme le sème neutre et la connotation comme le sème chargé à partir du mot «rouge», la couleur étant le sème neutre, la politique, la révolution, la sexualité, la violence, étant les sèmes chargés, nous nous sommes aperçus que ce système binaire fonctionnait moins bien avec un mot comme «justice» où nous avons été incapables de trouver un terme neutre. Il nous a donc fallu conclure que le langage n'est jamais neutre mais toujours social, inscrit dans l'histoire, toujours chargé des valeurs d'une société donnée; le langage n'est jamais innocent, il est toujours coupable parce qu'il dé-coupe la réalité dans un certain sens. Il vaut mieux rejeter l'opposition dénotation / connotation et garder le système sème / sémème qui prête moins à controverse si on accepte de ne pas le limiter au découpage de ce que les linguistes appellent dénotation, donc de l'étendre à tous les sèmes véhiculés par le milieu où le texte travaille. Ensuite j'ai proposé deux définitions de la sémantique. La première à partir de l'opposition nature / culture utilisée par les anthropologues où la nature est ce qui est donné tandis que la culture est ce qui est acquis; le langage étant quelque chose d'acquis, il ne reste plus à définir la sémantique que comme l'étude des systèmes de culturèmes. La seconde définition sort du rapprochement des quatre mots suivants: sémantique, séminal, dissémination, sémiller (vieux français: s'agiter). La voici: la sémantique est l'étude de l'agitation et de la dissémination des significations qui ne sont pas autre chose que les semences d'une culture. Puis j'ai rappelé cette phrase de Mallarmé tirée des *Mots anglais:* «Les mots, dans le dictionnaire, gisent, pareils ou de dates diverses, comme des stratifications: vite je parlerai de couches.» à laquelle j'ai ajouté le commentaire suivant: «Il s'agit de révéler les couches des mots. Les mots ac-couchent, enfantent des significations. Nous partageons la couche des mots, voilà notre véritable couche nuptiale. Tout se célèbre dans l'écriture ensevelie sous la couverture du lit.» Enfin il ne me restait plus qu'à rappeler les deux définitions de signifier: avoir un sens et être le signe de, à partir desquelles nous interrogerions le texte poétique: est-ce que celui-ci a un sens?, est-ce qu'il est le signe de?

Nous avons alors procédé à l'analyse du jeu sémantique dans un texte en tentant pour chaque mot d'énumérer tous les sèmes qui le traversent. Faisant cela nous avons vite vu qu'un texte poétique n'a pas *un* sens mais qu'il produit une multitude d'effets de sens où aucun sens ne domine un autre. Il faudrait alors cesser de lire les textes littéraires en les réduisant au message ou à la pensée de l'auteur car travaillant ainsi nous (en)fermons l'oeuvre dans des concepts. Au contraire si nous décidons d'étudier le jeu des signes dans le texte, nous donnons au texte poétique le maximum d'ouverture en montrant qu'il n'a de sens qu'en tant que système de différences: ce texte en effet n'existe que par rapport à tous les textes (ce qu'on pourrait appeler le texte général). Étudier le jeu sémantique d'un texte serait alors montrer comment les signes phoniques, lexicaux, syntaxiques, culturels, produisent une multitude d'effets de sens qu'on ne saurait réduire à un sens; le texte ressemble au jeu cosmique où tout est en mouvement.

Les étudiants, peut-être grâce au jeu phonique, ont facilement compris qu'un texte poétique est un ensemble de signes qui renvoie à des multitudes de signes, qu'un texte poétique est un lustre («étrangement le lisible épouse le luisant» N.B.), un feu d'artifice et non une pyramide dont le sommet serait le sens ou le concept. Le texte poétique ne demande pas à être réduit dans des concepts mais demande à être transformé sans cesse par de multiples renvois dans le texte général — ce scintillement est au-delà ou en deçà du monde conceptuel.

De ce cours je retiens l'importance des études interdisciplinaires; ainsi il y a tout avantage pour l'étudiant de lettres d'être curieux de ce vaste ensemble de sciences que l'on appelle sciences de l'homme. Il m'apparaît difficile aujourd'hui de considérer un champ du savoir comme autonome; il faut plutôt déborder continuellement de «notre» champ si nous voulons voir tout ce qui s'y joue.

Avril 1973

3

POUR UN ENSEIGNEMENT RAISONNÉ
DE LA LITTÉRATURE

Par enseignement raisonné il faut entendre un enseignement qui propose un discours systématique (organisation de concepts permettant de décrire un objet) et un enseignement qui donne ses raisons; et par littérature il faut entendre l'ensemble des textes de fiction (poésie, roman, nouvelle, théâtre, essai, scénario, sont des étiquettes commodes pour catégoriser les textes de fiction).

1

LA CONCEPTION POPULAIRE DE LA LITTÉRATURE

Cette conception est véhiculée par les anthologies (les morceaux choisis par les professeurs) où ne sont retenus que les «bons» textes d'un auteur: ceux que les étudiants doivent lire pour leur formation esthétique, morale et sociale. Ce sont ces anthologies qui aident à transmettre certains lieux communs sur la littérature (voir le titre d'une des dernières anthologies: *Les Poètes maudits d'aujourd'hui* de Pierre Seghers). Ces lieux communs peuvent se ramener aux deux triades suivantes: 1 — celui qui écrit de la fiction est un génie, un penseur, un visionnaire; 2 — celui qui écrit de la fiction est un être unique, un être sensible, un individualiste. La première triade cache le travail réel de l'écrivain; la seconde isole l'écrivain en faisant de lui un être à part: par exemple on va faire de sa biographie une série d'événements «singuliers».

Un génie. Ce mot est utile pour expliquer les textes que l'on aime beaucoup mais qu'on ne peut expliquer; alors on soupire: «c'est génial!» ou ce qui revient au même: «c'est un chef-d'oeuvre!». Le mot génie sert donc à faire semblant d'expliquer ce qui paraît inexplicable; il nous empêche de penser, de fouiller l'écriture: un génie ne produit pas de l'écriture, il produit du génial. Le mot génie renvoie à l'idée d'un être supérieur: voir Rimbaud qui écrit: «Baudelaire est le premier voyant, roi des poètes, *un vrai Dieu*» (c'est Rimbaud qui souligne).

Un penseur. Cette idée que l'écrivain est un penseur est commode pour étudier la pensée de l'auteur. Étudier la pensée d'un auteur c'est un bon moyen de ne pas étudier son travail d'écriture; cela permet de ressasser tous les lieux communs sur les grandes idées modernes: l'absurde, la révolte, la liberté, etc. Cela permet ainsi de faire de la classe un lieu où l'on jase de tout, chacun avec son gros bon sens; cela est peut-être agréable mais on n'apprend rien puisqu'on reste dans le connu. Au mieux c'est faire de l'écrivain un philosophe; alors on s'évertue à montrer que la fiction respecte les principes de la logique et les lois de la dialectique, ou encore on montre que l'oeuvre de fiction est une bonne illustration concrète de telle philosophie abstraite.

Un visionnaire. C'est le mot rêvé pour décrire toutes les grandes descriptions bourrées d'épithètes (surtout des épithètes de couleur: c'est plus aveuglant). Avez-vous lu *La Fin de Satan?* Hugo y est un vrai visionnaire. Rimbaud avec sa voyance, avec ses *Illuminations*, sert admirablement à garder vivant ce lieu commun. Ce mot entraîne aussi tous les refrains et toutes le niaiseries sur les pouvoirs de l'imagination: voir l'étudiant qui dit qu'il ne peut écrire car il n'a pas d'imagination! Si l'écrivain a des visions il faudrait dire que ces visions sont d'abord auditives!

Cette première triade justifie bien ceux que la science ennuie, qui ont besoin d'admirer la puissance de l'homme sans voir quel travail il a fourni pour produire cet effet de puissance.

Un être unique. Ici l'écrivain devient un être hors de l'ordinaire, hors de la norme; on a alors droit au couplet sur l'originalité des artistes. Cette façon d'exclure l'écrivain des gens ordinaires, des gens normaux, ne peut qu'amener un certain discrédit sur son activité: l'écrivain est un original, un artiste, quelqu'un qui se paie un peu de fantaisie, un peu de folie. On aime d'ailleurs rappeler la folie des écrivains ou leur suicide: ici Nelligan, Gauvreau, ailleurs Artaud, Nerval. Ce piédestal qu'on donne aux écrivains est une façon pour la bourgeoisie d'encourager le contentement de soi: le gros bon sens triomphe de la folie et du suicide de l'écrivain; au mieux le lecteur a un peu de pitié pour cet original qui a raté sa vie.

Un être sensible. De la même façon qu'on prête volontiers à l'écrivain une grande imagination, on lui prête une grande sensibilité: l'écrivain est hypersensible. Jouer sur la sensibilité de l'écrivain c'est encore un moyen de ne pas parler de son travail, de l'écriture; l'écrivain n'est alors qu'une espèce d'appareil délicat qui enregistre les moindres variations du monde, alors que les gens ordinaires sont des espèces de brutes que le monde ne réussit pas à impressionner. Mettre l'accent sur la sensibilité de l'écrivain c'est encore le ranger dans la marge, négative de surcroît: l'écrivain est un oisif, un être passif alors que l'homme normal est un être actif qui n'a pas de temps à perdre à décrire les effets d'une poignée de porte dans sa main ou d'une déception amoureuse sur son esprit.

Un individualiste. Il y a en a toujours quelques-uns pour défendre l'individualisme, pour rappeler tel mot dur d'un écrivain sur la foule, sur le peuple. C'est que l'art littéraire s'adresse à quelques raffinés, à une élite capable d'apprécier les recherches formelles alors que le pauvre peuple doit se contenter de chromos, de chansonnettes, de musiques plaquées, de télé-romans, de romans-photos, etc. Comme l'écrivain a raison de fuir le peuple, masse ignare et grossière: que l'écrivain se promène parmi le peuple et voilà qu'il ne peut plus s'envoler vers le soleil de l'art, ses plumes se brisent, la misère du peuple lui saute aux yeux, l'agrippe. Ce dernier scénario n'arrive presque jamais car l'écrivain a été amené à faire de sa subjectivité une belle tour dont il ne sort pas; l'écrivain garde jalousement son héritage culturel: il écrit des livres pour les générations futures. Faut-il alors se surprendre que le peuple ne lise pas ses livres? Heureusement qu'il y a une élite pour protéger ce grand individualiste.

Cette seconde triade fait de l'écrivain un marginal pour qui on est prêt à tolérer certains écarts à la norme. Cette triade sert à confirmer les gens dans leurs valeurs: il est réconfortant de penser comme les autres, cela nous évite d'avoir des problèmes: le monde est si simple dans le fond, les artistes sont compliqués pour rien — ça doit être de naissance. Et en même temps ces marginaux satisfont notre idéal démocratique: la liberté d'expression, et notre besoin d'art: le plaisir esthétique.

2

LA CONCEPTION SCIENTIFIQUE DE LA LITTÉRATURE

Cette conception est née du développement des sciences de l'homme où sont définis les concepts qui nous aident à parler d'une façon plus rationnelle des activités de l'homme. Ce sont ces concepts produits par la linguistique, la sociologie, la psychanalyse, la sémiotique, par exemple, qui ont permis de déconstruire la plupart des lieux communs concernant l'activité littéraire. On peut maintenant substituer aux deux anciennes triades les deux triades suivantes: 1 — celui qui écrit de la fiction est un écrivain, un poète, un inventeur; 2 — celui qui écrit de la fiction est un individu différent, un individu désirant, un citoyen. La première triade révèle le travail, le métier de celui qui écrit de la fiction; la deuxième triade fait de l'écrivain un individu comme les autres c'est-à-dire engagé dans les mêmes relations humaines et sociales.

Un écrivain. Dire que celui qui écrit de la fiction est un écrivain et non pas un génie, c'est dire son travail d'écriture. Il n'est pas inutile de rappeler que l'écrivain est quelqu'un qui écrit, qui travaille sur les mots; l'écriture s'apprend, ce n'est pas un don des dieux. L'écriture s'apprend par la lecture; l'écrivain connaît les oeuvres qui ont bouleversé la littérature au cours de son histoire. Étudier l'histoire de la littérature permet pour chaque époque de voir quelles sont les différences du texte littéraire par rapport aux discours qui l'entourent. L'écriture s'apprend aussi par la poétique qui étudie les effets produits par les transformations linguistiques (travail phonologique, syntaxique, sémantique) ou littéraires (transformations des genres littéraires, de l'histoire littéraire).

Un poète. Un écrivain n'est pas un penseur; il ne vise pas à l'organisation dialectique (ou hiérarchique) d'un discours. Un écrivain est un poète; il joue avec les mots, les fait jouer dans tous les sens (orientations, significations). Et ce jeu, c'est la métaphore; tout se met à glisser, rien n'est plus découpé nettement, toute chose est elle-même et autre. Le langage n'est plus un système où les concepts sont disposés selon un ordre, mais un grand jeu où les mots renvoient à d'autres mots à l'infini. Est-il besoin de dire que ce jeu des mots n'est pas gratuit, qu'il est plutôt dynamique en ce qu'il mine continuellement les systèmes conceptuels qui ont une tendance à l'académisme, à l'univocité, à l'autorité. Il faut bien voir que la pratique de la métaphore conduit à la liberté et à l'ambivalence.

Un inventeur. Un écrivain est un inventeur de livres; comme le chercheur il multiplie les expériences jusqu'à ce qu'un résultat satisfaisant apparaisse. Un écrivain n'écrit pas un livre nouveau ou différent du premier coup; il doit faire auparavent beaucoup d'écritures qui imitent d'autres écritures ou qui ne mènent à rien parce qu'elles ne produisent pas d'effets. Si des phrases cognent à la vitre — des phrases qui arrivent à notre esprit sans qu'on en connaisse précisément l'origine — comme dit Breton, ce n'est pas que l'écrivain a des visions (auditives), c'est qu'il a tellement lu, écrit, que la mémoire ne peut faire autrement que de faire remonter à la surface des bribes de phrases; que ces bribes aient un certain halo, cela ne surprendra guère que ceux qui ne sont pas familiers avec le travail de l'inconscient.

Cette première triade montre l'écrivain au travail, travaillant sans cesse — multiplication des essais — son matériau, la langue, en se servant des différentes connaissances dont il dispose: la grammaire et le dictionnaire bien sûr, mais aussi l'histoire de la littérature, la poétique, et surtout la théorie et la pratique de la métaphore.

Un individu différent. L'écrivain est un individu différent comme tous les individus sont différents. Chaque individu se définit par un arrangement différent de traces (vie familiale, vie scolaire, vie professionnelle, vie sociale); ainsi il est absurde de faire de l'écrivain un être unique, hors du commun. Les individus sont tous uniques; on pourrait cependant dire que les écrivains révèlent plus ce caractère irréductible de l'individu en tentant justement de dépasser le discours conventionnel où les individus adoptent tous le même code. Écrire c'est révéler les différences au lieu de les masquer derrière un discours uniforme, c'est construire chacun notre programme.

Un individu désirant. L'écrivain n'est pas plus sensible que les autres, c'est une femme ou un homme qui désire. Ces désirs des femmes et des hommes sont présents dans la littérature sous forme de fantasmes (scénarios imaginaires) ou d'images (juxtaposition de mots). Ici il y a tout intérêt à considérer le domaine littéraire comme un message chiffré où il s'agit de faire apparaître le désir (pulsions sexuelles, pulsions de mort, etc.) enfoui dans l'histoire ou sous les mots. L'écriture masque et révèle le désir, l'écriture est toujours rentrée-sortie; c'est là tout le jeu de la transgression qui essaie de reculer les barrières de la loi, de la censure.

Un citoyen. Il faut arrêter de traiter l'écrivain d'individualiste — il aime trop à s'en prévaloir —; comme tous les autres individus il participe par son travail à la société. Il est alors important de tenter de voir quels effets sont produits par son travail: pour qui écrit-il par exemple. Il serait également intéressant de tenter de définir les différents rôles de l'écrivain face à ses lecteurs, quelle idéologie sert-il? Voici au moins cinq types d'écrivains: celui qui veut divertir un large public, celui qui écrit des livres profonds pour l'élite sociale, celui qui invente de nouvelles formes que quelques spécialistes analysent, celui qui joue dans les mots sa vie en espérant que cela serve à quelques-uns, celui qui sert une cause défendue par des militants.

Cette seconde triade montre la complexité de la lecture à cause des nombreux liens que l'écriture entretient avec les vies (famille, école, travail, politique, inconscient) de l'auteur, et les vies des lecteurs. On peut dire qu'une lecture ne peut que déplacer une écriture en la réécrivant, en la replaçant dans une autre mémoire.

3

RAISONS D'UN ENSEIGNEMENT SCIENTIFIQUE

La première raison d'un tel enseignement c'est de décloisonner les matières, de permettre à l'étudiant de se servir des connaissances qu'il acquiert dans les sciences de l'homme pour mieux lire le texte littéraire, pour le montrer sous tous ses angles. Ceci permet de lire avec de plus en plus d'efficacité et de plaisir. Le livre loin d'être un champ autonome devient une expérience totale où de nombreux fils conducteurs s'entrecroisent.

La deuxième raison de cet enseignement est qu'il permet une véritable expérience de la lecture en faisant lire à l'étudiant non pas des anthologies qui privilégient toujours un point de vue, si louable soit-il, mais des livres où l'étudiant peut plus facilement deviner le patient travail de taupe de l'écriture. C'est seulement dans un livre qu'on peut prendre pleinement conscience qu'un texte est un tissu fabriqué avec plusieurs fils différents qui se croisent ici pour former un tissu plus serré, qui se séparent là pour créer un tissu plus léger ou des jours.

La troisième raison de cet enseignement est d'amener l'étudiant à produire de la fiction en lui révélant tous les fonctionnements du texte. Et pratiquant l'écriture l'étudiant ne peut qu'accroître ses pouvoirs de lecteur, accroissant ceux-ci il ne peut que perfectionner son écriture. Il découvre alors par la pratique l'interdépendance de la lecture et de l'écriture. De plus la production de textes est beaucoup plus motivante pour l'étudiant que la production d'analyses textuelles où il est presque condamné à la paraphrase faute de connaissances théoriques assez élaborées; apprendre à écrire amène plus facilement l'étudiant à l'autonomie qu'apprendre à faire une bonne explication de texte (c'est-à-dire qui répète la méthode du professeur).

Décembre 1973

4

LE MONTAGE TEXTUEL

pour Claire

1

N'importe quoi...

Écrire n'importe quoi est peut-être le meilleur moyen d'aborder les sujets qui comptent, d'aller au plus profond par le chemin le plus court. On dira tout uniment ce qui passe par la tête, au gré du souvenir. La mémoire nous livre tout en désordre, à tout moment du jour. On imitera ce désordre. Il n'y aura pas d'itinéraire précis dans l'exploration de notre passé, et c'est ainsi que je vois les choses aujourd'hui, 20 novembre 1959.

J'écris ceci vers la fin de l'après-midi. C'est le bon moment pour regarder par-dessus l'épaule et voir la journée, avant que la nuit ne vienne, parce que la nuit est un autre monde. Quand la lumière se sera retirée, les étoiles brilleront. Alors le ciel noir dira ce qu'il a à dire. Maintenant le soleil lui encore sur ma page et

(*Partir avant le jour* de Julien Green, les premières phrases)

L'enseignement de la littérature s'il peut se faire par l'application de méthodes d'analyse rigoureuses sur les textes — mais alors ce qui passe est-ce la littérature ou la méthode d'analyse? — peut aussi se faire par l'apprentissage de l'écriture. J'ai souvent entendu dire qu'on n'enseigne pas l'écriture, je n'en suis pas sûr. Je pense même que c'est la chose la plus intéressante à enseigner en littérature; qu'est-ce que la littérature sinon une vaste réserve d'écritures. Enseigner l'écriture c'est se mettre à lire les textes ;non dans une perspective d'interprétation mais dans une perspective de fonctionnement du texte: comment ça marche? Il s'agit de démonter les textes, de les mettre en pièces, de voir comment toutes les pièces peuvent jouer, travailler entre elles. Pour démonter les textes nous pouvons faire appel aux sciences de l'homme: à l'histoire de la philosophie (Ramnoux, Deleuze, Derrida) qui nous montre la valeur des concepts, à la sociologie (Lefebvre, Lévi-Strauss, Certeau, Foucault) qui ne perd jamais de vue les actions quotidiennes, à la psychanalyse (Lacan, Leclaire) qui tente de cerner la notion de sujet, à la fiction (Bataille, Ponge, Deguy, Cixous) qui ne cesse de s'interroger sur ses pouvoirs, à la critique (Blanchot, Barthes) qui questionne, qui suit le mouvement des oeuvres au lieu d'en donner des descriptions qui nous laissent froids, qui ne nous intéressent pas.

Produire une lecture plurielle des textes, permettre toutes les interventions: il en va de notre désir. L'enseignement de la littérature s'il ne permet pas d'interventions sauvages, folles, n'est alors pas tellement différent de l'enseignement de la philosophie attaché aux valeurs logiques, à la définition des concepts. La littérature n'est-elle pas un terrain tremblant où les images ne font que renvoyer à d'autres images à l'infini; le texte poétique ne s'arrête pas, ne peut être réduit à des concepts. Chercher notre plaisir, ne pas craindre d'être en dehors des méthodes rigoureuses; le plaisir arrive toujours à l'improviste. L'improvisation conduit plus souvent au plaisir que la méthode; on a plus de chances que quelque chose arrive: avec la méthode on sait toujours un peu ce qui va arriver.

Ainsi, pour la clarté de ce que j'ai à dire, il faut savoir que le sens de cet ouvrage n'est point simple, et qu'on le peut dire au contraire polysème, c'est-à-dire doué de plusieurs signifiances; car autre est le sens fourni par la lettre, et autre est le sens qu'on tire des choses signifiées par la lettre.

(*Épître XIII* de Dante, écrite vers 1316)

Les écrivains savent que l'écriture peut s'en aller de tous les côtés, qu'elle déborde le discours univoque — on parle de clarté quand il y a univocité —. L'écriture est complexe, c'est sa marque, elle se moque même de la dialectique, la raison saute. Écrire c'est passer dans un autre monde où les lois de notre monde ne fonctionnent presque plus. Produire de la fiction par l'écriture ou la lecture est un acte étrange, qui sort de l'ordinaire comme si l'ordinaire ne nous satisfaisait pas, comme si nous avions besoin de rêver ou d'habiter par la rêverie d'autres univers. Qu'est-ce qu'une bibliothèque? Une réserve de pulsions.

Un texte est toujours un montage, un assemblage d'éléments divers: événements, discours, écritures, blancs. Tout passe dans le texte, toute ma (la) vie, c'est pourquoi l'écriture est complexe. Dès que je sais lire, écrire, rien n'est simple, tout se renvoie, les associations sont infinies: c'est le grand jeu.

L'enseignement de la littérature pourrait avoir deux objectifs: le premier, celui qui est dominant actuellement, vise à former des critiques qui sauront interpréter correctement les textes. Ces critiques sont des espèces d'archéologues qui ramassent les moindres informations autour d'un texte. Cette collection d'informations peut s'avérer parfois très utile; elle peut nous apprendre de quelle manière les gens de telle époque lisaient, comment tel écrivain concevait son travail, etc. L'interprétation, elle, est aujourd'hui un problème sérieux; nous savons qu'il n'y a pas d'interprétation, de lecture, innocentes, que notre lecture se fait toujours d'un certain lieu (que ce soit une idéologie de classe, une méthodologie particulière). L'interprétation si elle fournit de nouvelles traversées des textes parce qu'elle utilise de nouveaux concepts risque de masquer le travail de l'écriture sous ces concepts «scientifiques». Le deuxième objectif viserait à la formation d'écrivains; il viserait à donner à la société des producteurs de fiction de plus en plus sûrs de leur métier. Cet objectif permet également à chaque individu de produire ses oeuvres; j'imagine une société où chacun maîtriserait une pratique artistique (écriture, film, toile, musique, dessin, etc.): les gens pourraient s'échanger leurs productions, se faire des cadeaux. Dans une telle société nous aurions moins besoin de songer à la diffusion des oeuvres puisqu'il y aurait une circulation incessante d'oeuvres entre les individus. La poésie doit être faite par tous. Non par un.

Pourquoi la société (la classe dominante) ne consacre-t-elle pas une part importante de son enseignement aux pratiques artistiques? Un peuple artiste aurait-il le goût de changer les structures sociales?

Il faut apprendre à monter le langage, des courses folles nous attendent. Écrire est-il plus important qu'expliquer? Il ne faudrait pas s'empresser de répondre affirmativement; il est plutôt probable que l'écriture n'est possible que si elle repose sur des lectures solides. Aujourd'hui la fiction est critique, elle ne peut plus jouer la carte de l'innocence. L'écriture et la lecture sont interdépendantes; la révolution de l'écriture et la rigueur du discours sont interdépendantes.

Ne pas se contenter d'un catalogue encyclopédique des greffes (greffe de l'oeil d'un arbre sur un autre, greffe par approche, greffe par rameaux ou scions, greffe en fente, greffe en couronne, greffe par bourgeons ou en écusson, greffe à oeil poussant ou oeil dormant, greffes en flûte, en sifflet, en anneau, greffe sur genoux, etc.), mais élaborer un traité systématique de la greffe textuelle.

(«La double séance» de Jacques Derrida)

Faire un montage textuel c'est ouvrir les livres, s'installer dans la fente cherchant notre désir. Prélever du texte qui risque de nous perdre. Chercher des maîtres à dépenser. S'insérer dans la fente, être ni avant ni après, ni d'un côté ni de l'autre. Une tendresse qui rature la mort. Montage (sexuel). L'écriture: où est mon cavalier?

L'écriture est exigeante, difficile, nous y jouons un peu notre vie. Mais c'est là notre plaisir, notre connaissance. Nous ne pouvons plus après vivre comme avant. Nos écritures restent là, notre mémoire étalée, notre vie tout cet enchevêtrement d'écritures. L'écriture nous rend la vie en la reprenant.

L'écriture ne méprise pas les sciences, elle en tire parti; elle écrit dans l'aujourd'hui sinon elle est vaine. Nous ne serons jamais trop savants. L'écriture est en avant.

Pour qui sait la complexité de l'écriture il paraît presque impossible d'écrire une histoire de la littérature. Chaque lecteur ne produit-il pas lui-même sa propre histoire? Autant d'histoires littéraires que de lecteurs. Parfois je pense que la littérature n'est qu'un seul grand texte écrit par un seul auteur (le texte lui-même) qui utilise des pseudonymes: Chateaubriand, Hugo, Gautier, Baudelaire, Mallarmé, Claudel, Valéry, Breton, Ponge, etc. J'aimerais décrire ce système de roues textuelles qui s'engrènent de manière à transmettre le mouvement (l'é-motion) à la fiction. À quel moment précis les dents d'un texte s'engrènent-elles aux dents d'un autre texte (de plusieurs autres textes)?

Faire un montage textuel c'est faire intervenir plusieurs textes. Les faire chevaucher; il s'agit de monter les textes, de s'en rendre maîtres. Pendant une nuit de tempête, Metzengerstein, sortant d'un lourd sommeil, descendit comme un maniaque de sa chambre, et, montant à cheval en toute hâte, s'élança en bondissant à travers le labyrinthe de la forêt. Rébecca s'émerveillait chaque fois qu'elle allait dans la remise observer sa monture (comme une nouvelle mariée qui n'en croit pas ses yeux d'être en possession d'époux).

Quand l'écriture prend nous sommes comme ces branches recouvertes en hiver d'une couche de glace. La reine de la nuit. Verglas. Nos joies tiennent à cela.

Des amateurs qui «font du quatuor» se soucient peu s'ils ont ou non un auditoire; et il est probable qu'ils préfèrent n'en point avoir. Le montage textuel a quelque chose d'analogue à cet événement. Quatre musiciens mêlant leurs instruments pour jouer une partition; quatre lecteurs mêlant leurs textes pour jouer (leur vie,...) . A, B, C, D, lisent un livre; un soir (ou un après-midi, ou...) ils se rencontrent: ils parlent du livre, ils le citent, ils le transforment, ils rêvent à d'autres livres, font des associations, etc. Comme si le plaisir était lié à l'improvisation (qu'est-ce qui va arriver?) et à l'intimité (atmosphère double: claire, ténébreuse). Vraiment une musique de chambre. Je lis.

Le discours met en ordre, l'écriture prend plaisir à perdre. Le lecteur est pris entre le plaisir de l'ordre (la science, l'homme) et l'ordre du plaisir (l'art, la femme). La lectrice aussi, prise entre la maîtrise du jeu (par les concepts) et la mise en jeu (par l'écriture).

Mars 1974

2

Dans un cours où tous les travaux des étudiants sont des travaux de création, il faut trouver une formule souple qui permette à chacun d'apprendre à écrire sans crainte: je propose celle du montage textuel.

Que faire pour apprendre à écrire (par écrire j'entends produire du texte littéraire c'est-à-dire faire jouer la fonction poétique et la fonction narrative de la langue)?

> Et dans le dire il n'y a pas que des mots, il n'y a surtout pas que des mots, il y a des vibrations, du calme ou des bouleversements, des sensations de toutes sortes.

1. Donner aux étudiants une définition de l'écriture qui ne propose aucun modèle mais indique des voies. Par exemple dire que l'écriture n'est pas du discours (utilisation de concepts bien définis), ni de l'écriture automatique (le flux de mots sans contrôle de la pensée), ni de la rhétorique (l'usage de figures répertoriées dans les manuels ou les traités); mais que bien souvent on retrouve dans l'écriture ces éléments. Dire encore que l'écriture transforme non seulement le langage de tous les jours mais la littérature elle-même qui bien vite se fige — elle devient alors un discours: on peut déceler par exemple aujourd'hui la présence d'un discours surréaliste dans plusieurs textes —.

> Il n'y a de communication que transversale, quand chacun parle en son nom propre (ce qui est le contraire de parler en son nom personnel), accomplissant sa propre affaire, chacun s'accrochant à une partie de l'affaire de chacun, ou encore étant émerveillé par la différence, la saisissant comme différence et étant heureux qu'il en soit ainsi. On n'est pas d'accord mais on est d'accord sur le fait qu'on soit différent, approuvant mutuellement nos différences.

2. Amener l'étudiant à créer à partir de quelque chose — l'étudiant a raison de craindre quand on lui demande de créer à partir de rien, c'est une opération impossible —; et ce quelque chose c'est les textes déjà produits et rien d'autre. Demander à l'étudiant d'écrire à partir du livre qu'il vient de lire, cela lui permet d'abord de découvrir comment un autre s'y est pris pour produire certains effets, donc d'utiliser à son compte ces techniques puis peu à peu de tenter d'en développer de nouvelles.

> Enseigner comme on fait l'amour, comme on regarde les étoiles, comme on rêve, comme on chie, serait une façon de décoller du cadre institutionnel scolaire. Ce qui fait décoller est de passer fortuitement d'un rôle à un autre, les rendant tous nécessaires, différents et équivalents.

3. Dire à l'étudiant de prendre des risques, de ne pas se contenter de répéter des formules. Cela suppose un mode d'évaluation très souple où certains échecs méritent autant que certaines réussites. Ne pas juger les textes d'un étudiant par comparaison avec ceux des autres, mais plutôt amener chaque

étudiant à travailler à partir de son premier texte. Tous les étudiants ne partent pas du même point: le premier travail le montre; il s'agit alors d'amener chacun à d'autres points, différents du premier.

> En même temps, professeur et étudiant communiquent, latéralement, par ce qui est dit, par ce qui est fait dans ce qui est dit, par les silences, par des moyens qu'on ne maîtrise pas. Surtout, les effets de communication ne sont pas maîtrisés, c'est leur valeur de n'être pas maîtrisés. La relation professeur-étudiant n'offre pas plus d'évidence (et de sécurité) que n'en offre ce qui se passe ailleurs.

4. Une autre condition tient à l'atmosphère du cours: il faut que l'étudiant sente vraiment qu'il peut prendre des risques sans être pénalisé; il faut que le professeur arrête d'imaginer que l'étudiant va aller copier — dire à l'étudiant que le plagiat est nécessaire, que la technique de la citation est souvent très efficace —. Dans un cours de création il faut tout faire pour que la création soit possible; et pour ça se maintenir dans le paradoxe: exiger de l'étudiant un effort mais qui produise du plaisir, permettre toutes les interventions mais s'assurer que l'étudiant comprend ce qui arrive dans la lecture, l'écriture — pour cela utiliser plusieurs grilles de lecture —

La raison d'un tel cours c'est d'offrir à l'étudiant au moins un cours où il travaille selon son désir: dans les autres cours il doit la plupart du temps reproduire la grille d'analyse du professeur. Travailler selon son désir ne veut pas dire suivre la voie de la facilité — j'écris spontanément, j'écris n'importe quoi, et je suis tout surpris de ce que je peux faire —; travailler selon mon désir c'est faire en sorte que je trouve ce désir: pour cela je m'intéresse à l'histoire de la littérature — comment les autres ont-ils inscrit leur désir? — et à la théorie de la littérature — qu'est-ce qui joue ou travaille dans l'écriture? —. Je ne peux pas écrire sans connaissances, autant alors être critique face à ces dernières.

(Les quatre paragraphes en retrait sont extraits du texte «Sur l'enseignement» de Pierre Bertrand paru dans *Libre Cours*, no 5.)

Mai 1974

5

POUR UN ENSEIGNEMENT RÉALISTE

1. Quand on crie partout sur les ondes qu'un homme sans savoir et sans culture vaut mieux qu'un homme savant, il faut du courage pour demander: mieux pour qui? (p. 13)

DE LA LITTÉRATURE

pour Vitor

0. Dans le montage qui suit, sur la page de gauche des extraits de *Sur le réalisme* de Bertolt Recht («Travaux», no 8, L'Arche, 1970, 182 p.), sur la page de droite des commentaires qui tentent d'indiquer comment l'enseignement de la littérature peut contribuer au changement: non pas n'importe quel changement mais celui-là pour lequel travaillent les militantes et les militants, à savoir un changement social: travailler au renversement de la bourgeoisie qui mène aux abattoirs les femmes et les hommes de la classe prolétarienne (ces abattoirs prennent plusieurs formes: les logements familiaux, les écoles, les églises, les usines, les compagnies, les prisons, les asiles, les lieux de divertissement).

1. Une des difficultés de l'enseignement de la littérature vient de la mauvaise formation universitaire des enseignants: combien de professeurs d'université remplissent leurs cours de résumés de livres, de minutieuses données biographiques et des lieux communs tirés des manuels scolaires. La littérature pour eux n'est pas une question, un événement, c'est seulement un objet dont ils parlent avec amour: ils sont pleins d'enthousiasme et ne savent presque rien.

2. Il ne suffit pas de la droiture, il faut des connaissances susceptibles d'être acquises et des méthodes susceptibles d'être apprises. En ces temps de complications et de grands bouleversements, les écrivains ont besoin de connaître la dialectique matérialiste, l'économie et l'histoire. (p. 15-16)

3. La vérité est militante, guerrière, elle ne combat pas seulement le mensonge, mais aussi certains hommes qui le répandent. (p. 21)

4. *La propagande pour la pensée, en quelque domaine qu'elle se fasse, est utile aux opprimés.* Une telle propagande est très nécessaire. Car la pensée passe dans des régimes d'exploitation pour une occupation basse. (p. 26)

5. Ce qui importe avant tout, c'est qu'une pensée juste soit enseignée, à savoir une pensée qui interroge les choses et les événements pour en dégager l'aspect qui change et que l'on peut changer. (p. 27)

6. L'idée que chaque chose est dépendante de beaucoup d'autres, elles-mêmes en constant changement, est une idée dangereuse pour les dictatures, et elle peut se présenter sous bien des formes, sans donner prise à l'intervention de la police. Une description complète de toutes les circonstances, de tous les processus dans lesquels se trouve pris un homme qui ouvre un débit de tabac, peut être un rude coup porté à la dictature. Les gouvernements qui mènent les masses à la

2. Ces connaissances empêchent de faire de la littérature un champ autonome, indépendant, une réserve de chefs-d'oeuvre éternels écrits pour tous. La littérature devient alors une activité sociale: des écrivains produisent des livres pour quelques-uns de leurs contemporains (lesquels? pour-quoi?).

3. L'opposition vérité/mensonge peut faire râler ou rire les structuralistes qui se contentent de décrire les oeuvres sans porter de jugement; mais il serait temps qu'ils remarquent que leur méthodologie est justement leur vérité: l'opposi-tion vérité/mensonge se traduit pour eux ainsi: description objective/jugement subjectif. Il y a dans cette dernière opposition un mensonge: les structuralistes feignent de croire qu'une description ne puisse être subjective et qu'un jugement ne puisse être objectif.

4. Voilà un mot, propagande, pour épouvanter les huma-nistes qui propagent depuis des générations aux rejetons de la classe bourgeoise qu'il faut respecter la liberté d'expres-sion. Cette propagande des humanistes n'a pas rejoint les classes ouvrières et pour cause: la classe ouvrière n'a pas les moyens (énumérez-les) de s'exprimer, la classe bourgeoise parle pour elle. Il va de soi qu'il faut entendre dans la proposition de Brecht par «pensée» la pensée matérialiste; contre nos maîtres humanistes qui propagent la pensée idéaliste pour le bien de la bourgeoisie, il faut commencer à propager la pensée matérialiste pour le bien du prolétariat.

5. Pour faire cela en littérature il est préférable d'étudier les oeuvres contemporaines où on peut essayer de dégager les lignes de force pour une action transformatrice. Les oeuvres contemporaines ont cet avantage d'avoir été écrites pour nous et non pour des lecteurs qui vivaient à des époques qui présentaient nécessairement d'autres situations historiques.

6. Montrer comment l'écriture et la lecture sont dépendan-tes d'un tas de facteurs sociaux.

misère doivent absolument éviter que dans la misère on pense au gouvernement. (p. 28)

7. ceux qui, à la recherche des sources de nos maux, sont tombés sur les rapports de propriété, ont plongé toujours plus bas, à travers un enfer d'atrocités de plus en plus profondément enracinées, pour en arriver au point d'ancrage qui a permis à une petite minorité d'hommes d'assurer son impitoyable domination. Ce point d'ancrage, c'est la propriété individuelle, qui sert à exploiter d'autres hommes, (p. 36-37)

8. Je ne peux écrire que pour des hommes qui m'intéressent; il en va pour cela des oeuvres littéraires comme de la correspondance. (p. 42)

9. Ainsi des écrivains pourraient être objets d'étude et soumis à l'analyse dans la mesure où ils sont socialement des fonctionnaires de la culture, où ils représentent ou influencent des couches déterminées, où ils assument ou encourent directement la responsabilité d'actes susceptibles de changer ou, au contraire, de consolider la société existante, raison pour laquelle on pourra invoquer la moindre de leurs déclarations, en l'arrachant au contexte de l'oeuvre, pour l'introduire dans le contexte social. (p. 50)

10. Il ne manque pas d'artistes, et non des pires, qui sont résolus à ne travailler à aucun prix pour ce petit cercle d' «initiés»: ils veulent faire de l'art pour tous. Ça fait démocratique mais, selon moi, ça ne l'est pas tellement. Ce qui est démocratique, c'est d'arriver à faire du «petit cercle des connaisseurs» un *grand* cercle des connaisseurs. Car l'art demande des connaissances. (p. 63)

11. L'art suppose un savoir-faire, qui est un savoir-travailler. Quiconque admire une oeuvre d'art admire un travail, un travail habile et réussi. Il est donc indispensable de savoir quelque chose de ce travail, si l'on veut admirer et jouir de son produit, qui est l'oeuvre d'art. (p. 64)

7. (Brecht écrit cela en 1935 alors que Hitler est au pouvoir.) Enseigner la littérature dans le but d'en enlever l'usage exclusif à la bourgeoisie qui y véhicule son idéologie. Étudier avec plus d'attention les oeuvres qui même si elles sont produites sous le régime bourgeois préparent la littérature prolétarienne, la littérature écrite pour servir les intérêts du peuple (le mot *servir* déplaît généralement aux humanistes qui servent les intérêts de la bourgeoisie).

8. Les hommes qui intéressent Brecht sont ceux qui veulent changer les rapports de propriété, qui appuient le socialisme, qui sont des marxistes intelligents, non dogmatiques, capables de reconnaître dans un événement ce qui travaille au changement et ce qui lui nuit.

9. Des nerfs de la culture, les écrivains. C'est pourquoi il faut lutter contre les écrivains réactionnaires qui ont une certaine popularité. Il ne faut surtout pas considérer les écrivains comme une grande famille où il y a des différences, personnelles bien sûr, mais plutôt comme des individus qui servent des intérêts de classe; il faut alors les partager en deux camps: les révolutionnaires (les alliés de la révolution prolétairenne) et les réactionnaires (les actionnaires de la bourgeoisie).

10. Ce qui est le plus important dans une perspective démocratique ce n'est pas de faire lire aux étudiants des oeuvres simples qu'ils peuvent lire sans l'aide des professeurs, mais de leur faire lire des oeuvres complexes qu'ils ne pourraient pas lire seuls: «il faut enseigner la Révolution (et non l'évolution)». Il faut faire confiance à l'intelligence des étudiants: elle est capable de faire certains sauts (ce qui ne dispense pas de longues marches).

11. Lire et écrire vont ensemble: comment faire l'un sans faire l'autre? Lire: tirer le maximum de plaisirs et de connaisances du travail de l'écriture. Écrire: pratiquer et transformer les techniques apprises par la lecture. On peut s'étonner de voir le peu d'importance qu'accorde l'enseignement aux pratiques d'écritures: pratiquer l'écriture amène l'étudiant à se débarrasser de ses conceptions idéalistes sur l'écriture, la littérature.

12. Si l'on veut arriver à la jouissance artistique, il ne suffit jamais de vouloir simplement consommer confortablement et à peu de frais le résultat d'une production elle-même à un certain degré productif, de consentir une certaine dépense d'imagination, d'associer son expérience propre à celle de l'artiste, ou de la lui opposer, etc. Rien que de manger, c'est un travail: il faut couper la viande, la porter à sa bouche, mâcher. Il n'y a pas de raison que le plaisir esthétique s'obtienne à meilleur compte. (p. 65)

13. Les artistes de différentes époques voient bien sûr les choses différemment. Leur vision ne dépend pas seulement de leur personnalité à chacun, mais aussi du savoir qu'eux *et leur temps* possèdent sur les choses. C'est une exigence de *notre* temps que de considérer les choses dans leur évolution, comme des choses qui se transforment, qui sont influencées par d'autres choses et d'autres processus. Cette façon de voir, nous la retrouvons aussi bien dans notre science que dans notre art. (p. 66)

14. Est formaliste celui qui se cramponne à des formes, anciennes ou nouvelles. Et celui qui se cramponne à des formes est formaliste, qu'il écrive des oeuvres ou qu'il critique celles des autres. (p. 76)

15. Un réaliste écrit de façon à pouvoir être compris, parce qu'il veut agir véritablement sur des hommes véritables. (p. 86)

16. empêcher qu'on ait une théorie qui consiste uniquement en une description ou une interprétation d'oeuvres d'art existantes, dont on extrait des directives purement formelles. Il faut une théorie des oeuvres qui sont encore à créer. Le mal que nous prévenons, c'est le formalisme dans la critique. Il y va du réalisme. (p. 86)

17. Les difficultés de forme sont extraordinaires, je dois sans cesse construire des modèles; si on me voyait y travailler, on croirait que je ne m'intéresse qu'aux questions de forme. (p. 90)

12. Pas inutile de répéter que la jouissance artistique nécessite un travail: voir la réaction des étudiants qui au premier livre qu'ils lisent s'écrient: je n'y comprends rien, je n'aime pas ça, etc. Leur répondre que c'est là une réaction normale, l'inverse serait assez surprenant. À cause de cette situation d'apprenti-jouisseur de l'étudiant il est important que l'enseignant mette au programme des oeuvres qui le font jouir sinon il manquerait à son enseignement une composante essentielle des pratiques artistiques: le plaisir. Il serait utile de lire les textes psychanalytiques sur le plaisir et le désir.

13. Ces remarques sont essentielles pour qui veut entreprendre l'étude de l'histoire d'une littérature; il faudrait arriver à montrer que telles techniques utiles à une époque sont devenues en raison de la modification de notre rapport à la réalité inadéquates à notre époque (pourquoi par exemple le roman par lettres a-t-il connu son apogée en littérature française au dix-huitième siècle?).

14. Le formaliste est celui qui n'a rien à dire c'est pourquoi il emprunte les formes anciennes ou nouvelles qu'il aime; le formaliste fabrique de la littérature, il brode pour quelques lecteurs cultivés

15. Un écrivain réaliste a quelque chose à dire: il a des connaissances qu'il veut faire servir, qu'il veut mettre à la disposition des lecteurs pour qui il écrit.

16. Cette remarque indique bien dans quel sens il faut lire les oeuvres du passé: il ne faut pas en faire des modèles pour l'écrivain d'aujourd'hui qui a une relation au monde différente, il faut seulement souligner qu'à leur époque et pour cette époque ces oeuvres opéraient telles transformations. Pour une théorie des oeuvres à créer on analysera donc surtout des oeuvres contemporaines, on ira voir aussi ce qui se trame dans les sciences de l'homme (histoire, psychanalyse, ethnologie, sémiotique, philosophie), et on tentera de tenir compte de la conjoncture historique.

17. Il ne faudrait pas réduire l'opposition formalisme/réalisme à l'opposition forme/contenu. Le formaliste est celui qui repique des formes et des contenus anciens ou nouveaux; le réaliste est celui qui invente à partir des

18. Le réalisme n'est pas seulement affaire de littérature, c'est une grande affaire, politique, philosophique, pratique; elle doit être déclarée telle et traitée comme telle: comme une affaire qui touche l'ensemble de la vie des hommes. (p. 98)

19. Le nouveau doit surmonter l'ancien, mais il doit comprendre en lui l'ancien à l'état dominé, «le supprimer en le conservant». Il faut bien comprendre qu'il y a aujourd'hui une nouvelle façon d'apprendre, une façon critique, où l'on transforme ce qu'on apprend, une façon d'apprendre révolutionnaire. Le nouveau existe, mais il ne naît que dans la lutte avec l'ancien, et non pas sans lui, pas dans le vide. (p. 105)

20. L'esthétique régnante, le prix des livres et la police ont toujours mis une distance considérable entre l'écrivain et le peuple. (p. 114)

21. Notre «populaire» à nous a trait au peuple qui non seulement prend une part pleine et entière à l'évolution, mais la détermine, la force, en usurpe pour ainsi dire la direction. Nous pensons à un peuple qui fait l'Histoire, qui transforme le monde et lui-même avec le monde. Nous pensons à un peuple militant, et donc à un sens militant du mot «populaire». (p. 116)

22. *Réaliste* veut dire: qui dévoile la causalité complexe des rapports sociaux; qui dénonce les idées dominantes comme les idées de la classe dominante, qui écrit du point de vue de la classe qui tient prêtes les solutions les plus larges aux difficultés les plus pressantes dans lesquelles se débat la société des hommes; qui souligne le moment de l'évolution en toute chose; qui est concret tout en facilitant le travail d'abstraction. (p. 117)

23. Si nous voulons une littérature vraiment populaire, vivante, militante, saisissant pleinement la réalité et saisie

formes et des contenus anciens et nouveaux des formes et des contenus qui permettent de saisir mieux la réalité. Le formaliste est un écrivain cultivé; le réaliste est un écrivain cultivé et militant.

18. Travailler à l'avancée de la littérature réaliste c'est participer à la grande affaire réaliste.

19. Le nouveau c'est la transformation de l'ancien et non le repiquage de l'écriture à la mode: voir tous les jeunes écrivains qui montrent une méconnaissance fière de l'histoire de la littérature, voir encore ces étudiants de lettres pour qui l'ancienne littérature (avant 1950!) est une perte de temps: ils veulent être à la mode, ils savent que le formalisme est plus rentable dans une société contrôlée par la bourgeoisie.

20. Il faut ajouter un quatrième facteur: l'enseignement de la littérature tel qu'il a été pratiqué jusqu'à octobre 1968. Depuis les enseignants reconsidèrent l'enseignement qu'ils ont reçu et qu'il croyaient pouvoir répéter avec bonne conscience.

21. Il s'agit d'écrire pour la fraction du peuple qui travaille au socialisme, qui a pris conscience de son appartenance de classe, qui sait que les idée justes ne tombent pas du ciel. «D'ou viennent les idées justes? Tombent-elles du ciel? Non. Sont-elles innées? Non. Elles ne peuvent venir que de la pratique sociale, de trois sortes de pratique sociale: la lutte pour la production, la lutte de classes et l'expérimentation scientifique. L'existence sociale des hommes détermine leur pensée.» (Mao Tsetoung).

22. Être réaliste cela ne s'improvise pas, cela ne se marque pas par l'usage de slogans, cela se marque plutôt par un travail: «Faites des enquêtes! Et ne dites pas de sottises!.» (Mao Tsetoung)

23. Sans commentaire.

par elle, il nous faut marcher au même rythme impétueux que la réalité en mouvement. Les grandes masses du peuple travailleur ont déjà réalisé leur percée. Pour s'en convaincre, il n'est que de voir comment leur ennemi s'affaire et devient brutal. (p. 122)

24. Là où le mot d'ordre «Pour l'humanisme!» n'est toujours pas complété par le mot d'ordre «Contre les rapports de propriété bourgeois!», le tournant de la littérature en direction du peuple ne s'est pas encore accompli. (p. 123)

25. Écrire pour de petits groupes ne veut pas dire que l'on méprise le peuple. Tout dépend de savoir si à leur tour ces groupes servent les intérêts du peuple, ou si au contraire ils travaillent contre eux (p. 124)

26. l'écriture réaliste n'est pas synonyme de renoncement à l'imaginaire, encore moins à l'affabulation esthétique. Rien n'empêche non plus les réalistes *Cervantès* et *Swift* de voir des chevaliers se battre contre des moulins à vent et des chevaux fonder des États. Le qualificatif qui convient au réalisme n'est pas l'étroitesse, mais l'ampleur. C'est que la réalité elle-même est ample, diverse, contradictoire. (p. 139)

27. Musiciens et peintres discutent volontiers de leurs techniques respectives, ils créent toutes sortes de termes spécialisés et exigent des études spécialisées, etc. Les écrivains sont en la matière beaucoup plus inhibés et secrets; même lorsqu'ils ont déjà à l'égard de bien des choses une attitude réaliste, ils répugnent toujours à discuter de leur technique propre. (p. 141)

28. écrire de façon réaliste, c'est-à-dire se laisser consciemment influencer par la réalité et en retour influer consciemment sur elle (p. 148)

29. *Quand on propose des modèles littéraires*, il faut se donner la peine d'être le plus concret possible. Il faut en

24. Là où on parle de l'Homme on n'est pas intéressé à changer les rapports de production. Qui n'a pas entendu des bourgeois ou des aspirants bourgeois affirmer que les ouvriers étaient sans doute contents de ce qu'ils avaient (énumérez ce qu'ils ont), qu'ils n'en voulaient pas plus.

25. Il y a des révolutionnaires qui voudraient que les changements soient pour demain; aussi quand demain arrive ils sont déçus: ils deviennent alors cyniques et trouvent un emploi d'administrateur. Un bon révolutionnaire ne fonce pas tête baissée, prend le temps de calculer ses chances de réussite, ne se décourage pas devant les échecs (il les analyse pour en tirer profit), travaille intensément avec de petits groupes pour préparer les changements.

26. L'écriture réaliste se sert de toutes les formes propres à faire comprendre que la réalité change et qu'il faut la changer pour le bien du plus grand nombre.

27. Un enseignement juste de la littérature ne doit jamais mettre de côté les techniques d'écriture: comment les étudiants apprendront-ils à écrire si les enseignants se contentent d'interpréter les textes; l'enseignant doit donc avoir une pratique d'écriture: les manuels de rhétorique ou de poétique ne remplacent pas la pratique où les problèmes de forme sont intimement liés aux problèmes de contenu. Il faut dissiper au maximum le mystère des lettres.

28. L'inconscient fait aussi partie de la réalité.

29. Considérer un livre comme une automobile: 1. démonter le moteur pour en comprendre le fonctionne-

effet parler à des techniciens, et le faire en technicien. (p. 150)

30. Nous faisons bien de définir les oeuvres réalistes comme des oeuvres militantes. On y donne la parole à la réalité, qu'on n'a pas l'occasion d'entendre autrement. (p. 160)

ment, 2. chercher les fonctions de la carrosserie. Il faudrait mettre à jour les principales techniques d'écriture et leur trouver des noms simples: il ne faut pas s'enferrer dans une terminologie rhétorique complexe.

30. Faire une liste des oeuvres de notre littérature et de la littérature française qui veulent donner parole à la réalité.

Novembre 1974

LECTURES

6

UNE NOUVELLE ÉCRITURE

1

LA MÉTAPHORE, L'IMAGE

Le critique littéraire Gérard Genette souligne dans «La rhétorique restreinte» (*Figures III*) :

> / ... / l'emploi souvent abusif, dans notre vocabulaire critique, du terme *image* pour désigner, non seulement les figures par ressemblance, mais toute espèce de figure ou d'anomalie sémantique, alors que le mot connote presque inévitablement par son origine un effet d'analogie, voire de mimésis. On sait en particulier quelle fortune a connue ce terme dans le lexique du surréalisme, au point que son emploi dispense généralement de toute autre désignation des procédés propres à l'écriture surréaliste, et plus généralement à la poésie moderne.

Cette dernière remarque dit bien que la préoccupation fondamentale de la poésie moderne ne tourne plus d'abord autour du vers mais autour de l'image, d'où la nécessité de bien définir l'image quand on étudie un texte poétique moderne. Pour cela il faut tenter de réduire ou de supprimer la confusion qui règne dans l'emploi du mot «image» en essayant de distinguer l'image de ce que les anciens traités de rhétorique appelait la «métaphore». Avant je rappelle la définition de Reverdy parue dans la revue *Nord-Sud* en mars 1918 (elle sera reprise par Breton en 1924 dans le *Manifeste du surréalisme*) :

> L'image est une création pure de l'esprit.
> Elle ne peut naître d'une comparaison, mais du rapprochement de deux réalités plus ou moins éloignées.
> Plus les rapports des deux réalités rapprochées seront lointains et justes, plus l'image sera forte — plus elle aura de puissance émotive et de réalité poétique.

La première erreur que nous avons tendance à faire quand nous voulons définir l'image c'est de mettre en avant la connotation d'analogie, de ressemblance; c'est là ramener l'image à la métaphore, or la métaphore est différente de l'image. La métaphore repose sur «*une certaine conformité ou analogie*» entre deux idées :

> Elle sera *vraie* et *juste,* si la ressemblance qui en est le fondement est juste, réelle, et non équivoque ou supposée. Elle sera *lumineuse,* si tirée d'objets connus, et aisés à saisir, elle frappe à l'instant l'esprit par la justesse et la vérité des rapports. / ... / Elle sera *naturelle,* si elle ne porte point sur une ressemblance trop éloignée, sur une ressemblance au-delà de la portée ordinaire de la pensée; / ... / Enfin, elle sera *cohérente,* si elle est parfaitement d'accord avec elle-même; si les termes en sont bien assortis, bien liés entre eux, et ne semblent pas s'exclure mutuellement.

On voit par ces remarques de Fontanier (*Les figures du discours*) comme la métaphore est raisonnable, comment elle demeure dans le connu: quelle audace y a-t-il à traiter un homme de tigre, on peut sourire de la virtuosité de Fontanier pour expliquer la métaphore «vie orageuse»: «La vie d'un homme violemment agité, et qui passe par de cruelles épreuves, ne ressemble-t-elle pas à un temps d'orage? n'est-elle pas orageuse?». Autant la métaphore semble une construction logique, autant l'image apparaît comme une activité spontanée, automatique: il faut avec Breton noter que l'esthétique de Reverdy est *a posteriori* et ne pas «prendre les effets pour les causes»:

> Force est donc bien d'admettre que les deux termes de l'image ne sont pas déduits l'un de l'autre par l'esprit *en vue* de l'étincelle à produire, qu'ils sont les produits simultanés de l'activité que j'appelle surréaliste, la raison se bornant à constater, et à apprécier le phénomène lumineux.

Si la lumière de la métaphore baigne dans le connu, l'image veut éclairer l'inconnu; c'est comme si la métaphore ne faisait que souligner un rapport déjà existant alors que l'image créerait un rapport nouveau, jamais soupçonné: l'esprit par l'image «prend conscience des étendues illimitées où se manifestent ses désirs, / ... / C'est la plus belle des nuits, *la nuit des éclairs*: le jour, auprès d'elle, est la nuit.» (*Manifeste du surréalisme*). Alors que la métaphore ne doit pas porter «sur une ressemblance au-delà de la portée ordinaire de la pensée», Breton n'hésite pas à écrire que l'image «la plus forte est celle qui présente le degré d'arbitraire le plus élevé».

La métaphore part du monde et l'image part des mots. Expliquons à partir de deux exemples cette affirmation: quand Malherbe écrit à la fin de l'épitaphe pour Mademoiselle de Conty:

> Mais leur pretexte le plus beau,
> C'est que la terre estoit bruslée,
> S'ils n'eussent tué ce flambeau.

que s'est-il passé? Malherbe apprend la mort de l'enfant, il veut faire un poème en son honneur, il songe à quoi il pourrait comparer cette enfant qui vient de mourir, cette «si belle créature»; il trouve alors le second terme, le flambeau à cause de sa lumière et de son feu: c'est là une métaphore galante transparente qui n'offre aucun obstacle à la raison. Malherbe n'a pas fait autre chose que dire le monde, il n'invente rien ou plutôt son invention réside dans la manière de dire; Malherbe dit *mieux* le monde que personne, d'ailleurs il l'affirme lui-même:

> Et trois ou quatre seulement,
> Au nombre desquels on me range,
> Peuvent donner une loüange
> Qui demeure esternellement

Mais quand Paul-Marie Lapointe écrit:

> la fourrure de pierre nous intime de mourir quelque part

je suis sûr que ce qui est premier ce sont les mots; l'image, l'invention arrive après. Et cette image ne se laisse pas réduire à notre logique habituelle, elle nous résiste; pourtant à un autre niveau, plus profond, plus intime, moins définissable — c'est le domaine de l'inconscient — l'image nous envahit totalement. Les mots dans l'image inventent un monde, monde qui n'existait pas avant que les mots soient dits: qui avait vu ou pensé à de «la fourrure de pierre»? Cette image de Paul-Marie Lapointe ne peut que nous renvoyer à d'autres images, celles que notre mémoire conserve; chaque image est ainsi appelée à être vécue différemment selon les lecteurs, et c'est là une autre différence entre la métaphore et l'image: la métaphore est plus extérieure à nous, elle nous montre un rapport que notre raison peut saisir, tandis que l'image en se moquant de la raison nous force à la recréer en nous. Il serait peut-être plus juste de dire que la métaphore en ne semblant solliciter que notre raison (qui doit saisir le rapport analogique) se laisse englober par le texte qui devient la seule image c'est-à-dire la chance de découvrir de l'inconnu. L'image, elle, refuse d'être englobée, elle a une vie autonome; c'est comme si elle refusait au lecteur de passer par-dessus elle rapidement. Passer de la métaphore à l'image c'est passer à un état de densité supérieure, c'est exiger plus du lecteur en lui donnant sa liberté.

La seconde erreur que nous faisons volontiers quand nous avons à définir l'image c'est de rapprocher celle-ci de la vue ou de la pensée (je vois: je pense). C'est encore une fois ramener l'image à la métaphore; c'est en effet par la métaphore que le poète montre qu'il sait voir le monde, saisir les rapports qui existent entre les différents êtres. Francis Ponge aujourd'hui est sans doute le maître incontesté de la métaphore, qu'on relise son *Parti pris des choses* («L'orange», par exemple), mais maintenant on lit surtout les poètes qui pratiquent l'image, les surréalistes. Il faut rattacher l'image non à la vue mais à l'oreille; Breton écrit dans «Le message automatique» (*Point du jour*) :

> Toujours est-il que je tiens, et c'est là l'essentiel, les inspirations verbales pour infiniment plus riches de sens visuel, pour infiniment plus résistantes à l'oeil, que les images visuelles proprement dites. De là la protestation que je n'ai jamais cessé d'élever contre le prétendu pouvoir «visionnaire» du poète. Non, Lautréamont, Rimbaud n'ont pas vu, n'ont pas joui *a priori* de ce qu'ils décrivaient, ce qui équivaut à dire qu'ils ne le décrivaient pas, ils se bornaient dans les coulisses sombres de l'être à entendre parler indistinctement et, durant qu'ils écrivaient, sans mieux comprendre que nous la première fois que nous les lisons, de certains travaux accomplis et accomplissables. L'«illumination» vient ensuite.

C'est indiquer clairement que le poète est d'abord un auditif, l'auditif domine nettement le visuel chez un poète (surréaliste) : ce n'est pas pour rien que Breton a parlé de dictée automatique. C'est là redonner ses droits à l'inspiration, à l'improvisation, c'est renier un ordre que l'on juge artificiel au profit d'un désordre qui n'est qu'apparent; Breton l'affirme sans équivoque:

> C'en est fait, qu'on le veuille ou non, de l'intérêt que nous pouvons porter à la «belle» et «claire» ordonnance de tant d'oeuvres qui se contentent de tabler sur la couche superficielle, consciente de l'être.

74

/ ... / l'effort du surréalisme, avant tout, a tendu à remettre en faveur l'inspiration et, pour cela, / ... / nous avons prôné de la manière la plus exclusive l'usage des formes automatiques de l'expression («Le message automatique»).

Je peux maintenant définir les mécanismes de la métaphore et de l'image: la métaphore est un rapport analogique entre deux termes connus, elle a son point de départ dans la raison, tandis que l'image est une suite de mots qui font surgir l'inconnu, de nouveaux rapports entre les choses, elle a donc sa source dans les mots. La métaphore correspond à l'ancienne rhétorique, l'image appartient à la poétique moderne depuis Lautréamont et Rimbaud. La métaphore et l'image ont un déroulement exactement inverse; alors que la métaphore part d'une articulation sémantique — rapport analogique entre deux réalités — qui doit être exprimée par une articulation syntaxique nouvelle, l'image part d'une articulation syntaxique — juxtaposition de mots — qui doit révéler une articulation sémantique nouvelle. Cela mène à la conséquence suivante qui n'est qu'apparemment paradoxale: celui qui pratique la métaphore travaille sur les mots car le rapport analogique lui est donné par sa pensée, celui qui pratique l'image travaille sur le monde car les mots lui sont donnés par son «oreille intérieure» (expression utilisée par Breton dans «Le message automatique»), le premier veut transformer la littérature et le second veut transformer le monde, qu'ils réussissent cela est une autre question. Cette distinction entre la métaphore et l'image si elle est nette au point de vue rationnel l'est moins au point de vue de la pratique de la lecture pour une raison simple: c'est que le lecteur de poésie qui a étudié les anciens poètes ne peut s'empêcher de chercher un rapport analogique dans l'image, alors que la lecture des poètes modernes le porte à transformer les métaphores des anciens poètes en images.

2

LE VIERGE INCENDIÉ

Paul-Marie Lapointe est peut-être le premier au Québec à bien lire Rimbaud, à suivre sa méthode, à ne pas craindre de laisser aux mots leur liberté, c'est dans *Le Vierge incendié* (1948) que jaillissent les premières illuminations de l'inconnu dans la poésie québécoise (pour être juste il faut rappeler le rire surréaliste de Thérèse Renaud dans *Les Sables du rêve* en 1946). La pratique de l'image est ce qui a sans doute permis au poète de se libérer de toute l'atmosphère étouffante de la poésie québécoise. Paul-Marie Lapointe en se mettant à l'écoute de son «oreille intérieure», en laissant passer les mots au lieu de les filtrer par une conscience morale ou esthétique étroite, qui était celle de la société québécoise de 1948, semble être notre premier poète à agir sur le monde, ou plutôt à agir le monde: les images instaurent vraiment un rythme neuf, vif. Les cinquante-neuf poèmes en vers libres disposés comme un texte de prose sont certainement ceux où l'image et le rythme sont les plus neufs à cause des blancs qui donnent plus de place à l'imagination que des signes de ponctuation qui ne sont la plupart du temps que des signes logiques. Paul-Marie Lapointe à qui j'ai demandé si les blancs remplaçaient les signes de ponctuation m'a répondu:

> Oui les blancs, d'une certaine façon remplaçaient les signes de ponctuation. Mais des signes qui ne seraient ni les virgules, ni les points, ni rien de semblable. Mais qui figureraient les pauses, les soupirs, comme dans la musique. Des façons de créer le rythme. Tout ceci dans une technique qui ne serait point une copie de la musique, mais une invention elle-même, pour elle-même — sans concertation préalable. Images faisant le rythme, rythme faisant l'image. Ce qui fait le poème. (lettre du 19 février 1971);

cette invention ne fait donc pas appel à une pensée logique qui serait capable d'identifier des rapports analogiques, mais fait appel à notre oreille pour saisir un rythme, le vivre. Dans cette poésie rythme et image sont liés: «Images faisant le rythme, rythme faisant l'image», il est impossible de parler de l'un sans parler de l'autre; l'image et le rythme (ou l'image-rythme) sont ce par quoi une suite de mots proposent une syntaxe nouvelle, différente, qui avant de renvoyer à des significations renvoie à la vie. Alors que la métaphore rapprochait deux réalités (une vie agitée et un temps d'orage donnent une vie orageuse), l'image ne rapproche rien sinon elle-même de la vie: l'image et la vie sont ainsi les deux termes d'une métaphore dont le rapport analogique est le rythme (cette métaphore est la source de la poésie moderne). Voici des images qui font vivre:

> je suis dévoré par des chacals fous de joie
> le kimono jappe au clair de miroir
> les toits de pique défoncent l'amour
> tous rêvent de pouvoir dormir à nouveau dans les draps de foetus

il n'y a qu'à lire au hasard un texte du *Vierge incendié* pour retrouver de telles images. Les images foisonnent dans la plupart des textes; ce qui a fait écrire, avec raison, à Georges-André Vachon: «Ces poèmes / ... / ont quelque chose d'extrêmement jeune, c'est-à-dire de naïvement absolu. Le poète croit encore que la poésie, sans admixtion de prose, et purement poétique est possible.» («Fragments de journal pour servir d'introduction à la lecture de Paul-Marie Lapointe»).

Le texte du *Vierge incendié* est organisé par trois grands types d'images qui correspondent aux trois «révélations» de Paul-Marie Lapointe, chaque type renvoie à une organisation du monde, d'abord Rimbaud, ensuite Fargue et finalement *Capitale de la douleur*. À la découverte de Rimbaud correspondent toutes les images violentes, images qui éclatent, ouvertes; on pourrait parler d'illuminations, d'images baroques (Focillon dans *Vie des formes* écrit à propos des formes baroques: «elles vivent pour elles-mêmes avec intensité, elles se répandent sans frein, elles prolifèrent comme un monstre végétal.»). Mais ici il faut prendre garde, il ne s'agit pas de dire que les images de Paul-Marie Lapointe calquent les images rimbaldiennes: elles n'ont presque jamais leur aisance, leur harmonie, leur développement. Ce que Lapointe calque c'est l'esprit de Rimbaud, son audace: les textes du *Vierge incendié* sont aux textes québécois qui les précèdent ce que les textes d'*Une Saison en Enfer* sont aux textes des parnassiens. Le texte qui suit illustre bien ce que j'entends par images éclatées, violentes:

> incandescences du milieu rouge   les citernes explosées tourbillonnent leur remous de querelles cinglantes   mes mains sont faites pour étrangler vos douceurs animales   les crimes seuls ont fait mon cerveau sadique   délaissé je mangeais les paysages de boulevards   mais des chatteries interminables les églises sont lasses de moi et je suis las des églises   les chapiteaux croulés dans le déchet des rats   les encensoirs de mouffettes   tabernacles habités par les couples   j'ai des gamins plein les doigts de serpents raidis dans l'astre rouge   les moustiquaires crépitent   les pucerons de luxe ancien   taffetas des égorgements bourgeois sous l'édredon   dans mon regard des diables polissons dévorent des feuilles de sauterelles   c'est ainsi les âges soufre des balcons de front déchiré par les ongles des tripes mêlées par l'alcool   soupe pour les repas de lits aux putains conditionnelles   seuls les gens qui marchent sur leur tête peuvent se permettre de parler avec leur sexe   je me permets de vous désirer   chair rose des statuettes d'enfants-jésus   ai-je les bras en croix pour souffrir la fourche des enfers   je vous accuse de me prendre fou   celui qui chasse les fils de famille avec des grenades

Dans ce type d'images il y a une volonté ferme de briser l'ancien langage poétique qui ne pouvait plus être efficace parce qu'il cachait trop de choses dans son admiration inconditionnelle de la Beauté; il fallait avoir le courage de gifler la Beauté (la pas belle!), d'essayer de *«posséder la vérité dans une âme et un corps»*: «Rimbaud était l'exemple. Il avait posé les vraies questions.

Voulu vivre la vraie vie.» (lettre du 19 février 1971). Les problèmes étaient d'abord d'ordre spirituel et ce sont ces exigences spirituelles qui ont transformé l'ordre littéraire: plus question de faire de beaux poèmes, il faut plutôt éprouver le langage, lui faire dire notre rancoeur et nos rêves. À propos de telles images il ne suffit pas de dire qu'elles sont des illuminations, il faut encore marquer qu'elles constituent une critique radicale des valeurs sociales: il s'agit de dénoncer les églises, «les pucerons du luxe ancien», les «égorgements bourgeois». Le texte du *Vierge incendié* est un beau feu rouge qui a tenté de brûler ce qu'on appelle depuis quelque temps notre «grande noirceur» (espèce de zone préhistorique s'étendant de 1860 à 1960); il s'agissait de laver le monde, de provoquer un autre déluge, mais le monde se complaisait dans sa noirceur, cette noirceur prenait souvent l'apparence de la blancheur comme il arrive souvent. Cette dénonciation du vieux monde ne pouvait se faire avec le vieux langage raisonnable, avec la bonne langue française pleine de clarté et d'ordre, il fallait une langue nouvelle, une vraie langue de barbare, une langue où chaque groupe de mots explose — jamais on avait vu un feu si nourri: il n'y a peut-être que l'adolescence pour maintenir une telle violence. Ce premier groupe d'images est nettement le groupe dominant du recueil.

Le deuxième groupe d'images placé sous le signe de Fargue est sans doute le plus faible quantitativement. Les images de ce groupe sont presque situées au pôle opposé du premier groupe: elles sont tournées vers le moi, vers le passé. Elles envahissent rarement tout un texte, on n'en rencontre une de temps en temps, moment de confidence, de laisser-aller, de vague-à-l'âme, parfois rectifié par un peu d'humour. Voici un texte qui constitue un bon exemple de ce deuxième type d'image:

> je ne sais pas vivre   champignons dans les huttes   cloisons du
> crâne   je ne sais pas vivre   les moutons de salpêtre broutent ma
> barbe   lèchent mes lèvres   je ne sais pas vivre   les cordes
> d'oiseaux dans mon cou   deux épingles droites au sein de fille à
> chapeau   champ de romantiques fleurs   le paquet de fumeur
> contre la chemise   les étagères de mon histoire   je ne sais pas
> vivre   on ne les ouvre pas   gueule de vitre où poussent des
> feuilles de pies maudites   je ne sais pas vivre   j'ai un habit de
> plumes   fontaines   les canards me font des grimaces   le tube
> blanc de céruse   gargouille de tablettes sans pinceau   toile de
> rinceaux d'orteils   doigts de becs des poules   je ne sais pas
> vivre   verrues des lombrics   terre des femmes   aucun
> rivage   mer des lianes aux poux rongeurs de singes   je n'aurai
> jamais su vivre de ma vie

Aux images tournées vers le futur, éclatantes, voici que répondent des images lisses comme l'ennui de vivre, au courage des premières images, voici que répond un désenchantement précoce. Il y a bien là une dialectique entre l'action et l'inaction, les moments d'exaltation et les moments de désespoir. Ces textes, ces images sont comme des repos que nous ménage le poète; mais en même temps ils sont la preuve de la lucidité de l'adolescent. Ici les mots ne mordent plus, ils coulent doucement, il y a même un refrain qui nous engourdit lentement jusqu'au trait final. Les traits d'humour ne font pas rire, plutôt un sourire triste, une pauvre grimace. Voilà le lecteur pris dans un lacis d'émotions chagrines un peu comme Paul-Marie Lapointe a été touché par Fargue: «Le ton de Fargue, sa sensibilité, son écriture m'avaient touché. N'ai pas d'explication savante à fournir.» (lettre du 19 février 1971).

Le dernier groupe d'images, le deuxième en importance, placé sous le signe du Paul Eluard de *Capitale de la douleur* est composé d'images nettes: le rêve et la fantaisie y ont des contours précis. Tout est à la fois simple et merveilleux, les mots rêvent. Si j'ai appelé baroque le premier groupe d'images je pourrais ici parler d'images «classiques» au sens où Focillon définit le classicisme: «Brève minute de pleine possession des formes, il se présente, non comme une lente et monotone application des «règles», mais comme un bonheur rapide» (*Vie des formes*). La plupart des images du deuxième groupe pourraient facilement se ranger dans cette catégorie des images classiques. Voici un texte qui se présente comme «un bonheur rapide»:

> kimono de fleurs blanches   de fleurs roses   la nuit porte des
> oranges dans tes mains   je voudrais que nous mourions comme le
> jour   puisque jamais nous ne pourrons retrouver ce petit cab qui
> nous menait dans le fond de la mer   bouche de truite
> rouge   repaire parfumé dans les coraux et les éponges qui nous
> examinaient avec leur regard nombreux   tu les chassais avec cette
> moue de framboise écrasée   le vent qui passait   courant de
> cuivre et de parfums   nous avions fait pousser un géranium dans
> la coupe d'une moule assassinée   dans tes oreilles des papillons
> coloraient nos musiques inventées par les lèvres du mirage englouti
> d'une ville   un grand fauteuil baroque s'en venait à la dérive de
> grand'mère à lunettes ovales   et cette étoile de frisson qui montait
> sur ta jambe gauche   le long du mollet   sur le genou   dans le
> creux de la cuisse   mais soudain comme toute la mer a dis-
> paru   et le sel des cheveux   et le jour qui va paraître et qui est
> plus vide que le reste du monde

Les mots ici s'appellent secrètement: «blANCHES» et «ROses» font «OR-ANGES», «BARoQUE» et «déRIVE», «OREIlles» et «colORAIent», etc.

Les mots font rêver. Les mots instaurent un nouvel ordre, distinct de l'ordre logique, un autre ordre, un ordre souterrain. Lire de tels textes me fait croire en une espèce de langue parfaite où je n'aurais pas à démontrer, à expliquer, où il me suffirait de parler ou d'entendre pour être (com)pris et (com)prendre. Si de tels textes donnent à tout notre être un équilibre souverain, un peu comme le vers pouvait le faire anciennement, c'est qu'ils doivent imposer au coeur un rythme régulier et plein. C'est un tel sens du rythme, de l'équilibre, allié à un réseau sonore complexe qui a fait le succès du *Choix de poèmes* (1960).

Une telle pratique de l'image constitue un des moments importants de l'histoire de notre poésie, elle effectue une révolution aussi importante que le travail de Jean-Aubert Loranger (*Les Atmosphères,* 1920; *Poèmes,* 1922) qui a contribué à rendre floue l'opposition entre prose et poésie. L'image pratiquée par Paul-Marie Lapointe aura montré à quelques-uns qu'écrire est une aventure, que par l'écriture quelque chose peut arriver, que le travail de taupe de l'écriture peut nous retourner.

Mai 1972

7

MYTHOLOGIQUES

1

«LA SOLITUDE»

«le poème est une pâque, un cheminement libre, humble et temporel de la Fulgurance à l'Être», ou «le poème est une blessure ouverte, et qui ne peut se fermer, une soif sur le sable, un feu sur la pierre». Ce sont ces deux définitions, ces deux métaphores — la pâque, la blessure — qu'il faut questionner. Ces deux métaphores sont extraites du texte «Le Poème et le Poétique» qui constitue l'art poétique de Fernand Ouellette. Pour saisir la valeur de ces métaphores je vais lire le poème «La Solitude» tiré du recueil le plus achevé (c'est-à-dire le plus infini) de Ouellette: *Dans le sombre*.

> Perché pur ardi
> si nell' aspetto delle vive luci

> DANTE

Une note à la fin du livre donne la traduction suivante:

> Mais pourquoi brûles-tu
> ainsi à l'aspect des vives lumières?

Dans cet exergue s'inscrivent les deux métaphores: le «brûles-tu» de la blessure et les «vives lumières» de la pâque. Mais ce qu'il faut retenir c'est le nom même de Dante; en avant du texte de Ouellette il y a toujours celui de Dante: «Tous mes pensers s'en vont parlant d'Amour»: c'est par cette citation que commence le livre *Poésie* qui rassemble les textes poétiques de Ouellette.

> Ta fente même accueillante
> est la blessure qui démesure infiniment
> ma blessure.

Dante annonce la fente de la femme dont le sexe est nommé dans un autre texte «La tente». Si j'entre dans l'antre, sous la tente, dans la fente même — la parole rien de moins — je me perds sans cesse. Ici pas de lumière, seulement une blessure sans mesure car l'infini ment quand il se cache dans la majuscule de l'Être. La fente même accueillante de l'autre ne peut être qu'un écueil qui me déchire. Le «dé» commence déjà à jouer dans dé-mesure. Tous les «dé» du texte déjouent sans cesse la pâque.

> Délaissé par mon fleuve
> je me vide en toi, profondeur d'émeraude,
> te nourrissant de mes courants blancs,
> limon perfide dérobant ma parole en envol.

Comment dire que le texte poétique, pièce si bien cousue, me découse tant, sinon par ces «dé»: Dé-laissé, (dé)-vide, d'é-meraude, dé-robant. Je me dé-vide en toi, limon per-fide, «ma femme avide» (p. 148). Le fleuve, ici, dans notre poésie, c'est encore la parole, la toute-puissance de la parole; mais voilà que ma parole, mon fleuve s'abîme dans la profondeur perfide, se dérobe dans d'émeraude. La perte partout: «ma parole en envol», «mes courants blancs» se disséminant en toi, l'autre, l'antre.

> Ainsi mon membre est une épave
> qui ne peut vibrer contre la chaleur femme,
> une soif atrocement éveillée.

Ici je plagie, je reconnais une dette — la perte de Baudelaire — et j'indique une blessure: épave, la chaleur femme, atrocement avec toute la soie de la femme. «Le plagiat est nécessaire. Le progrès l'implique. Il serre de près la phrase d'un auteur, se sert de ses expressions, efface une idée fausse, la remplace par l'idée juste.» (Isidore Ducasse, *Poésies II*). Ouellette plagie Baudelaire: «Le progrès l'implique.» La modernité est là, je ne peux plus vibrer contre la chaleur de l'Être. «mon membre est une épave», mon membre est de la perte: «Mon triste coeur bave à la poupe,» (Rimbaud, Le coeur volé»).

Et je dérive sous le plomb
parmi les poils et les candélabres.
Comme une pelure recouvre une pelure
grisonnent mes cadavres sur mes épaules.

Encore les «dé»: je dérive, candélabres. Toujours la perte: la dérive, le délabrement, les cadavres. Pas d'ascension vers l'Être, qu'un mouvement de déplacement ou de répétition: la mort s'installe parmi mes poils. Poils, pelures, quels poils? J'écris, je lis, je me rive à la dérive: les mots m'emportent, je n'ai jamais fini d'enlever toutes les pelures des mots.

Je ne trouve pas de mort assez lumineuse
pour de bas en haut me délier la mémoire.

«Et voici que le voile du temple se déchira en deux, de haut en bas, la terre trembla, les rochers se fendirent; les tombeaux s'ouvrirent,» (Matthieu, XXVII, 51-52). Me dé-lier la mé-moire, sortir de ma mort, de mon tombeau, arrêter de me perdre; mais je ne trouve pas de mots assez lumineux, je suis dans le sombre, pas de pâque pour moi, pas de mère pour moi (mé-moi-re), seulement la femme où je (me) vide. À vide: «Production du vide par machines pneumatiques, trompes, pompes diverses.»

Il y a pourtant du Tabor quelque lumière
venant d'hier et de demain,
comme une révélation indéchiffrable
de chêne de grive et de neige.

«Et il fut transfiguré devant eux: son visage prit l'éclat du soleil, ses vêtements devinrent lumineux de blancheur.» (Matthieu, XVII, 2); et «Le soleil donne sans jamais recevoir» (Bataille, *La Part maudite*). Le «Il y a» apparaît comme trompeur; il veut faire croire à une quantité de lumière alors que celle-ci est toujours in-dé-chiffrable; on ne peut penser la lumière en termes d'avoir, de chiffres, on ne peut compter (sur) la lumière. Si pâque il y a, elle n'est en rien une ascension «de la Fulgurance à l'Être», elle est plutôt une blessure ouverte d'où la lumière fuse sans cesse, sans établir de compte: la lumière (se) dépense, (se) perd. Aussi ne faut-il pas voir dans le Tabor une bouée où m'accrocher, un centre, mais plutôt un autre exemple de perte à plagier. Le dernier vers cache assez bien la lumière: j'ai ma tente plantée sur le mont Tabor où il devrait y avoir *pourtant* quelque lumière, je suis appuyé sur un chêne noueux, j'imagine dans les branches quelque grive brune un peu noirâtre, il commence à neiger, la neige est de plus en plus abondante, le jour descend, la neige grise m'enchaîne à la mort. Je ne sais plus déchiffrer la révélation à moins de la chiffrer à l'infini dans l'espace métaphorique de la lumière: ça commence dans le sombre.

On m'assiège le coeur
depuis mon origine parmi nous.

Mon coeur-origine encerclé par les forces du On et du nous. Cette attaque, cette violence se répètent à chaque jour depuis mon origine: «Tout ce qui était généreux, orgiaque, démesuré a disparu: les thèmes de rivalité qui continuent à conditionner l'activité individuelle se développent dans l'obscurité et ressemblent à des éructations honteuses.», ou «la vie humaine ne peut en aucun cas être limitée aux systèmes fermés qui lui sont assignés dans des conceptions raisonnables.» (Bataille, *La Notion de dépense*). Dans quel puits me force-t-on à mourir? Qu'est-ce que le coeur?

Dans «Le poème et le poétique», Fernand Ouellette écrit: «De là à investir l'irrationnel de toutes les puissances et de la souveraineté, il n'y a qu'un pas; un pas que toutefois je ne fais pas, parce que l'irrationnel ne peut pas être l'objet même du poème.» La dénégation, ici, semble jouer: «*Un contenu de représentation ou l'idée refoulée peut donc devenir conscient à la condition qu'on puisse le nier.*» (Freud, «La Dénégation»). Cet irrationnel nié par le discours critique apparaît sans cesse dans le texte poétique et dans le texte que je viens de lire il est logé dans le titre même: dans l'attitude ou l'altitude de la solitude. La solitude est cette blessure sans mesure qu'aucune pâque poétique ne pourra couvrir totalement, continuellement. Je lis, j'écris, je joue ma perte et paradoxalement c'est là que je peux trouver ce que Bataille appelait la souveraineté qui est au-delà de la maîtrise.

Mars 1973

2

POUVOIR DU NOIR

«La poésie, pour moi, n'est pas évasion mais bien plutôt invasion. Invasion de l'univers extérieur par le monde du dedans. Pour agir, le poète doit être habité.» J'essaie de comprendre. 1. «n'est pas évasion»: oui on en a assez de ces écrivains qui méprisent la réalité, qui ont tendance à s'exiler, à s'enfermer parce qu'on n'écoute pas ce qu'ils écrivent pour eux. 2. «mais bien plutôt invasion»: définir invasion comme une pénétration belliqueuse et massive des forces armées d'un État sur le territoire d'un autre État; l'État poétique procéderait au renversement de l'État métaphysique en ne cachant plus les contradictions derrière des absolus ou des universaux. 3. «Invasion de l'univers extérieur par le monde du dedans.»: il faudrait plutôt dire invasion du monde du dedans par l'univers extérieur de manière à bien mettre fin aux problèmes d'un moi frileux qui s'invente des tortures métaphysiques. 4. «Pour agir, le poète doit être habité.»: ça recoupe trop telle proposition religieuse qui veut que le coeur du croyant soit la maison du dieu; le croyant, possédé par son dieu, quelle attention accorde-t-il à l'histoire? Ne faudrait-il pas plutôt écrire: pour agir, le poète doit être historique.

> Il fait noir en nous comme il neige au jardin
> il fait sombre et nous n'y voyons plus rien
> sinon le tamanoir noir lové au creux de la nuit

Cette strophe renvoie, peut renvoyer, à telle strophe plus ancienne du poème «Soir d'hiver» d'Émile Nelligan:

> Ah! comme la neige a neigé!
> Ma vitre est un jardin de givre.
> Ah! comme la neige a neigé!
> Qu'est-ce que le spasme de vivre
> À tout l'ennui que j'ai, que j'ai!...

Les textes de Giguère, comme ceux de Nelligan, sont de beaux jardins; et par «beaux» j'entends lisses, froids, morts, refuges polis par l'esprit qui refuse d'intervenir dans la vie quotidienne non par volonté mais par impuissance: le «poète» reconnaissant qu'il n'a pas les instruments pour transformer le monde se retire à l'écart en répétant pour lui seul les anciennes incantations, en plongeant dans la nuit poétique, dans l'ennui poétique, et le voilà amener à son tour, après d'autres qu'il a lus étant jeune: Rimbaud, Baudelaire, Nerval, Lautréamont..., à répéter pour quelques âmes d'élite le tour du poète maudit (ici ce tour se joue avec un décor de paysage neigeux). Les textes de Giguère n'appartiennent pas à cet âge de la parole dont on parle depuis 1965, ils font partie de cette ère du silence qu'on aurait pû croire achevée par les textes de Saint-Denys Garneau rassemblés en 1949. *Les Solitudes* auront donc produit quelques solitaires alors que nous avons tant besoin d'écritures pour tous, de poètes qui ne soient pas maudits, qui soient capables de nous montrer comment le langage nous parle.

> ces grands dessins de lave
> ces nobles écritures
> ces paraphes majestueux
> indéchiffrables signatures

Cette autre strophe de *Pouvoir du noir* (1966) ne laisse aucun doute quant à l'ancienneté du texte de Giguère: à qui s'adressent les épithètes «grands», «nobles» et «majestueux» sinon à ceux qui ont tendance à faire de l'écrivain le-poète-grand-auteur-de-beaux-vers! Ces épithètes rappellent nos poètes de l'exil, poètes raffinés et lointains qu'a bien étudiés Jean Éthier-Blais. Ils répètent que l'art est un mystère réservé à quelques-uns; faut-il s'étonner que le peuple ne lise pas plus de poésie, qu'il trouve les poètes idéalistes, décrochés de la vie!

> Je vous avais dit sans voile sans loup sans nuit
> et pourtant ce soir on dirait une seiche
> sortant du tiroir
> et qui pisse son encre partout
> jusqu'à ne plus voir
> nos fêtes échevelées et nos fenêtres illuminées
> comme un ultime au revoir

J'aime ce recours à la seiche, mollusque céphalopode (ayant un pied à tentacules munies de ventouses, situé sur la tête, et une tête distincte contenant un véritable cerveau) à coquille interne en forme de bouclier, pourvue d'une poche à encre sécrétant un liquide brun foncé qu'elle peut projeter pour s'abriter en cas d'attaque. C'est encore l'art refuge, l'art n'est pas une machine de guerre mais un mollusque qui se défend en laissant échapper une encre noire afin de brouiller la piste: il n'est pas facile de mettre la main sur un poète surréaliste, la main du bourreau ne peut que faire des gestes dans le vide, dans le noir. Je n'aime pas le recours à la folie de l'avant-dernier vers: «nos fêtes *échevelées* et nos fenêtres *illuminées*»; c'est encore une de ces associations faciles, poésie et folie, qui loin d'éclairer le travail poétique l'obscurcissent.

> Qui dit noir n'est pas d'ici
> de ce pays affreusement blanc
> qui dit noir est d'ailleurs
> d'avant l'éclair d'avant le vent
> qui dit noir n'a pas vu le jour
> le jour des derniers paravents

Les quatre derniers vers sont dignes de traités d'alchimie: la métaphore y est si forte que nous renonçons à comprendre nous contentant de jouer avec le vent: avant, vent, paravents. «Lorsque, rapporte Éliphas Lévi, l'initié aux mystères d'Éleusis avait parcouru triomphalement toutes les épreuves, lorsqu'il avait vu et touché les choses saintes, si on le jugeait assez fort pour supporter le dernier et le plus terrible de tous les secrets, un prêtre voilé s'approchait de lui en courant, et lui jetait dans l'oreille cette parole énigmatique: «Osiris est un dieu noir.» Mots obscurs et plus brillants que le jais!» (André Breton, *Arcane 17*). Le pouvoir du mot «noir» est peut-être de cacher d'une façon élégante pour le poète son ignorance des sciences modernes: dans le noir toutes les vaches sont de la même couleur. Les deux premiers vers disent explicitement que Giguère est un poète de l'exil, qu'on ne le prendra pas à chanter un pays où il a étouffé; Giguère a choisi de vivre ailleurs, cela a toujours été son rêve: je rappelle les deux derniers vers d'un texte de 1951 intitulé «La main du bourreau finit toujours par pourrir»:

> la grande main pourrira
> et nous pourrons nous lever pour aller ailleurs.

D'autres écrivains ont choisi de vivre ici, Miron par exemple.

Par un paradoxe dont il faut se réjouir, cette écriture de l'exil, en train de tomber dans un juste oubli, rejoignant les écritures de Paul Morin, Marcel Dugas et François Hertel, aura lancé le mot d'ordre le plus efficace des années soixante: l'âge de la parole. Et cela malgré l'intention de Giguère qui voulait marquer dans son titre l'époque où il faisait appel à l'écriture (1949-1960) plutôt qu'à l'image; ce titre reste la réussite la plus positive de son oeuvre écrite.

Août 1974

8

L'ÉCRITURE DANGEREUSE

> Pourtant, aujourd'hui, je crois avoir fini la relation de mon
> enfer. C'était bien l'enfer; l'ancien, celui dont le fils de
> l'homme ouvrit les portes. (Matin)

Je commence la relation de ma lecture d'*Une Saison en Enfer*, par où commencer, je n'ai pas le droit à un exposé, à une leçon où il y aurait A, B, C, etc.
À quoi ai-je le droit? Aux tours de l'écriture, à ses détours plutôt, à ma vie
aussi: il faut, n'est-ce pas, risquer l'encornement. Quelques-uns, fatigués des
belles-lettres,

> Depuis longtemps je me vantais de posséder tous les
> paysages possibles, et trouvais dérisoires les célébrités de la
> peinture et de la poésie moderne. (Délires II)

savent recourir dans cette fatigue, production de l'école souvent, à des livres
qui n'en sont pas et qui en sont,

> — Il n'y a personne ici et il y a quelqu'un: je ne voudrais
> pas répandre mon trésor. — (Nuit de l'Enfer)

j'en fais une liste: les cinq numéros de *Maintenant* d'Arthur Cravan, les *Lettres de guerre* de Jacques Vaché, les *Écrits* de Jacques Rigaut, *Une Saison en
Enfer* d'Arthur Rimbaud, les *Confessions* de Jean-Jacques Rousseau (à la

dernière page: «quiconque, même sans avoir lu mes écrits, examinera par ses propres yeux mon naturel, mon caractère, mes moeurs, mes penchants, mes plaisirs, mes habitudes, et pourra me croire un malhonnête homme, est lui-même un homme à étouffer.»), on aura reconnu à ces quelques titres une certaine sécheresse: leurs auteurs et leurs lecteurs sont revenus de la littérature, de son discours poli.

□

Rimbaud, longtemps, m'a paru manquer de cette sécheresse que je cherche: j'ai toujours trouvé grandiloquent «Le bateau ivre» sauf dans ce vers qui semble n'avoir rien à faire avec l'épopée de la voyance: «Et je restais, ainsi qu'une femme à genoux...», les *Illuminations* m'ennuient la plupart du temps avec leur exaltation; où j'aime Rimbaud c'est dans le dernier vers des «Reparties de Nina»: «Elle. — *Et mon bureau?*», c'est dans la gaieté de «Ce qu'on dit au poète à propos des fleurs». Je préfère Mallarmé: «Une proposition qui émane de moi — si, diversement, citée à mon éloge ou par blâme — je la revendique avec celles qui se presseront ici — sommairement, que tout, au monde, existe pour aboutir à un livre.» (Le livre, instrument spirituel).

Rimbaud aboutit, même s'il en a contre la littérature, à un livre, au seul qu'il ait fabriqué lui-même, dont il espérait tirer gloire à Paris: je ne crois pas, sinon provisoirement — à remarquer avec quelle facilité il ne s'occupe plus de *son* livre, il reste, son livre, au fond de la cave d'un libraire —; assez paradoxalement celui dont on aime tant rappeler la formule «Je est un autre» consacre toute son tattention à la publication d'un livre qui n'est pas autre chose que la relation des événements survenus à son je, un journal: «Dans un accès de santé, ce matin, j'ai décidé d'écrire, et d'écrire un journal. Il ne s'agit pas, bien entendu, de journal, de toutes les besognes la plus injustifiable, mais d'un effort suivi. Justifier, expliquer, montrer, associer, situer et autres passe-temps littéraires, ne peuvent être ici d'aucune validité, d'aucun secours; j'ai — peut-être — une chance de trouver, de retrouver plutôt, un moyen de respirer, ou, pour mettre la raison du mauvais côté, de perdre cette qualité d'inertie.» («Journal», Jacques Rigaut). Ce que Rimbaud tire de l'écriture d'*Une Saison en Enfer*, c'est la chance de faire le point, de regarder sa vie qu'il est venu près de perdre,

> Or, tout dernièrement m'étant trouvé sur le point de faire le dernier *couac!* j'ai songé à rechercher la clef du festin ancien, où je reprendrais peut-être appétit. (Jadis, si je me...)

c'est le moyen de sortir de son inertie, de la voir

> — Mais je m'aperçois que mon esprit dort. (L'impossible)

de quitter sa marche de vagabond,

> Allons! la marche, le fardeau, le désert, l'ennui et la colère. (Mauvais sang)

pour «la marche des peuples» (Matin). L'écriture d'*Une Saison en Enfer* met fin à l'ancien: la Beauté (Jadis, si je me...), la naissance française et chrétienne (Mauvais sang), la damnation (Nuit de l'enfer), les relations avec Verlaine (Délires I), les études poétiques (Délires II), l'Occident (L'impossible), le travail (L'éclair). Maintenant

> Il faut être absolument moderne. (Adieu)

□

> Oui, l'heure nouvelle est au moins très sévère. (Adieu)

Sévérité extrême, Rimbaud déchire sa vie, la rature,

> Tous les souvenirs immondes s'effacent (Adieu)

Rimbaud, dès lors, écrit au futur,

> Quand irons-nous, par delà les grèves et les monts, saluer la naissance du travail nouveau, la sagesse nouvelle, la fuite des tyrans et des démons, la fin de la superstition, adorer — les premiers! — Noël sur la terre! (Matin)
> Et à l'aurore, armés d'une ardente patience, nous entrerons aux splendides villes. (Adieu)

> — et il me sera loisible de *posséder la vérité dans une âme et un corps.* (Adieu)

C'est ici que tout tremble entre les encanaillements du voyou voyant et cette «ardente patience» qui redoute le «comfort» autant que la misère: dans quelle mesure les «splendides villes» ne nous apparaissent pas, lecteurs, comme un

manque de sévérité, un mensonge encore bien plus grand que «l'abrutisse-
ment simple»? Comme si Rimbaud manquait «la réalité rugueuse à étreindre»
(Adieu) de quelque côté qu'il se tournât. Après l'enfer de la *Saison* et le ciel
des *Illuminations*, il ne serait peut-être pas faux de prétendre que c'est dans
les *Poésies* que Rimbaud serre de plus près la réalité.

□

> Nous sommes Ouvriers, Sire! Ouvriers! Nous sommes
> Pour les grands temps nouveaux où l'on voudra savoir,
> (Le forgeron)

L'écriture d'*Une Saison en Enfer* est dangereuse d'abord pour Rimbaud; elle
lui fait perdre pied: il rejette son baptême, le travail dans une société
bourgeoise, l'art poétique, l'amitié de Verlaine; il se coupe de tout, il se porte
des coups («Je me ferai des entailles partout le corps» — Délires I),

> Au matin j'avais le regard si perdu et la contenance si
> morte, que ceux que j'ai rencontrés *ne m'ont peut-être pas
> vu.* (Mauvais sang)

«Éclat, lui, d'un météore, allumé sans motif autre que sa présence, issu seul et
s'éteignant.» («Arthur Rimbaud», Mallarmé). C'est peut-être ce passage bref,
ce manque d'étalement de l'oeuvre dans le temps qui nous agace, il y a
quelque chose de cinglant dans le geste de Rimbaud: il met sens dessus
dessous l'appareil littéraire puis s'en va, marchand au Harar. Écriture
dangereuse pour le lecteur amateur de bons livres,

> Cela s'est passé. Je sais aujourd'hui saluer la beauté.
> (Délires II)

qui trouve un peu le meilleur de sa vie dans ces livres qui sont des boucliers
contre les discours asphyxiants de la société (famille, école, politique, média
d'informations), non: *Une Saison en Enfer* est un de ses bons livres. Rimbaud
déconstruit la vie chrétienne et la vie française, la vie littéraire et la vie scientifique; cela est aussi remontant que les travaux de Marx, de Nietzsche ou de
Freud.

92

☐

Puis il faut que j'en aide d'autres: c'est mon devoir.
(Délires I)

«le souci de rigueur nous force à l'errance» («Introduction au *Bleu du ciel* de Bataille», conférence de Lucette Finas à l'Université de Montréal le 25 octobre 1973). À partir de là c'est-à-dire des travaux d'Artaud et de Bataille, de la lecture de ce dernier par l'écriture de Jacques Derrida, on peut dire que le passage des *Poésies* à *Une Saison en Enfer* est le passage de la maîtrise (je suis soleil) à la souveraineté (je m'écoule, je ne me retiens plus, etc.). Oscillations entre le calcul (être le soleil) et la rage (la perte), la tension de l'écriture moderne. «la victoire m'est acquise» (Adieu).

☐

L'Esprit est proche, pourquoi Christ ne m'aide-t-il pas en donnant à mon âme noblesse et liberté. (Mauvais sang)

Je ne me crois pas embarqué pour une noce avec Jésus-Christ pour beau-père. (Mauvais sang)
M. Prudhomme est né avec le Christ. (L'impossible)

Stratégiquement Rimbaud se range du côté de Satan, des démons, des nègres: il s'agit de faire peur à M. Prudhomme. Quelque chose comme la pureté du noir face au mépris du blanc qui a des droits d'auteur sur la charité, la beauté et la justice. L'oeuvre de Rimbaud est un coup de force — un peu comme Samson qui, après qu'on l'ait fait prisonnier, demande à Dieu d'avoir assez de force pour exterminer tous ces Philistins qui l'ont trompé — qui nous oblige à voir d'un autre oeil le champ littéraire: celui-ci ne peut plus être le seul lieu des figures de rhétorique, la place forte du bien dire. La littérature devient un champ mouvant où je suis forcé à révéler les liens qu'entretiennent les livres avec ma vie. Il devient alors difficile de se réfugier derrière des jeux rhétoriques ou des grilles structuralistes: tout est frappé d'impuissance, de mensonge, alors que le texte de Rimbaud, troué de toutes parts, est une véritable bombe.

□

J'étais mûr pour le trépas, et par une route de dangers ma faiblesse me menait aux confins du monde et de la Cimmérie, patrie de l'ombre et des tourbillons. (Délires II)

Notre barque élevée dans les brumes immobiles tourne vers le port de la misère, la cité énorme au ciel taché de feu et de boue. (Adieu)

—j'ai vu l'enfer des femmes là-bas; (Adieu)

□

À côté de son cher corps endormi, que d'heures des nuits j'ai veillé, cherchant pourquoi il voulait tant s'évader de la réalité. (Délires I)

Combien ont veillé Rimbaud, ont dormi avec lui. Paul-Marie Lapointe, Paul Chamberland, Luc Racine, ici, continuent son travail: 1948 — *Le Vierge incendié;* 1967 — *L'Inavouable;* 1971 — *Les Jours de mai.*

Rimbaud n'a pas fini de nous rêver.

□

Ah! la science ne va pas assez vite pour nous! (L'impossible)

C'est vrai; c'est à l'Eden que je songeais. (L'impossible)

O pureté! pureté! (L'impossible)

«Il y a quinze ans j'ai publié une première fois ce livre. Je lui donnai alors un titre obscur: *La Haine de la poésie*. Il me semblait qu'à la poésie véritable accédait seule la haine. La poésie n'avait de sens puissant que dans la violence de la révolte. Mais la poésie n'atteint cette violence qu'évoquant l'*impossible*. À peu près personne ne comprit le sens du premier titre, c'est pourquoi je préfère à la fin parler de *L'Impossible*.» (Georges Bataille)

«13 mai-16 juin: un mois sépare la «libération» de la Sorbonne et sa réoccupation» (*La Prise de parole*, Michel de Certeau)

«ferons-nous de nos concitoyens nos Indiens de l'intérieur, pour cette sorte de consommation qui commence toujours par enlever la parole à ses objets?» (*La Prise de parole*, Michel de Certeau)

«Il est significatif qu'on mette à l'étude des auteurs comme Artaud, Rimbaud et Breton pour que ces noms n'éveillent plus rien chez l'étudiant et masquent toutes les implications sociales et concrètes de la dynamite intellectuelle que constituent leurs écrits.» («Le département de français» dans *Le Trait d'union* journal des étudiants du C.E.G.E.P. de Maisonneuve, 25 octobre 1973).

Une confession publique brutale qui met en jeu les valeurs de la société où il vit: le jeune Rimbaud en 1873, le jeune étudiant français en mai 1968, le jeune étudiant québécois en octobre 1968. Mais les autorités ont vite fait de mettre dans leurs moules interprétatifs les cris des jeunes; ils font de ces cris des discours cohérents, univoques. Alors Rimbaud devient un socialiste utopique, un mystique, un voyou, un initié, etc. Toutes ces catégories rassurantes récupèrent la violence de l'écriture de Rimbaud, de la parole des étudiants; cette parole, cette écriture deviennent des objets d'étude dans les collèges, dans les universités (ici Rimbaud rit «affreusement» — Délires I): ainsi la société vole la parole à ceux qui l'avaient prise, met la liberté à sa place c'est-à-dire dans le discours des autorités. Après, quelques-uns sont surpris de certains silences. Dans quelle mesure l'enseignement de la littérature en forçant les étudiants au respect des grandes oeuvres ne fait pas de ces oeuvres des instruments d'autorité, de répression, alors qu'au départ ces oeuvres étaient des modèles de libération, une prise de parole; il faudrait que l'enseignement soit aussi subversif que les grandes oeuvres en permettant aux étudiants de prendre parole, d'écrire selon leurs désirs: pour cela pas d'autre moyen que de leur apprendre à se servir des oeuvres des autres pour bâtir la leur, à piller sans aucune gêne les oeuvres fortes, à ne pas craindre la multiplicité des sens — la langue grouille, il n'y a que les professeurs pour vouloir la fixer: les idées fixes, les choses stables, l'ordre établi, c'est là le triste lot de l'école: pour combien de temps encore?

Novembre 1973

9

LA JEUNE FILLE, L'ANALYSTE

pour Pâque

Ces deux points, foyers ou fils, à suivre dans les trois textures suivantes: *Le Troisième Corps, Portrait du soleil, Neutre.* D'autres points aussi, j'en sortirai comme (le) lecteur tout piqué, quelque médecine égyptienne (l'Assyrie, la Babylonie, la Perse, l'Orient, la Palestine — tout cela me déporte-t-il trop vers le livre).

Comme ce bonze chinois à la suite d'un papillon, l'analyste à la suite de la jeune fille, ou encore le chevalier Dupin faisant remonter Bérénice. J'imagine que Bérénice a les yeux vagues du chevalier, ce dernier les dents blanches de celle-là.

L'anamnèse. Rilke, je suis une jeune fille. Proust, à l'ombre des jeunes filles en fleurs. Kafka, je crains les jeunes filles de Philippe (voir les *Lettres à Milena*). Les jeunes filles de Girandoux: Judith, Hélène, Isabelle, Electre. Que recouvrent tant de jeunes f? Gradiva et le professeur d'histoire ancienne, Dora et l'analyste qui remonte dans *son* histoire avec M. K., Mme K. Je (ne) suis (pas) content de ce K à la fin de ma signature; Hélène Cixous aime beaucoup ce petit animal dantesque, la lonza (Dora, Mozart, rosa), comme le croisement sur un espace textuel d'une panthère des neiges avec un écureuil.

Je tremble de tout ce texte à resserrer, ça coule de partout, les trous du chandail sont tellement gros. Combien d'erreurs de stratégie?

97

L'auteur se comporte avec la calme distraction de celui qui *se sent seul.* Il se penche et fait mine de relever le masque. Je n'ai pas à décrire le mouvement du pied de Gradiva ou cette façon qu'a Dora de jouer avec ses doigts. Je commence à douter que ce soit des jeunes filles, des mobiles pour l'esprit d'un professeur ou d'un analyste, au plus.

J'ai besoin du vent du matin pour écrire, atteindre le calme — en finir avec ces jeunes filles qui décident de rompre le trente et un décembre. Pourtant il faut retenir celle qui a une cage d'oiseaux à sa fenêtre. Se souvenir de Nerval qui manque Sylvie. Une pointe de soleil sur la page est-ce assez pour en faire le portrait: une activité joyeuse qui multiplie la vie, rien de la passion triste du coin terne qui reste.

J'ajoute que «remembrer» est un mot anglais dont tout le monde à Vienne sait ce qu'il veut dire. Tout le monde vient sur le sofa de F, il s'agit de ramer dans le cosmos, de produire des séries dont aucune n'est originaire. Do you remember me? Qu'est-ce que ça veut dire? Est-ce que ça veut? Est-ce que s'aveu?

Pas facile d'écrire; lentement, mot à mot. Je le dis tout de suite pour le lecteur jeune et enthousiaste qui s'élancerait dans les livres-tombeaux d'Hélène Cixous: pas moyen de les lire si je n'ai pas beaucoup lu. Quand une femme remonte l'histoire il faut s'attendre à ce qu'elle en caresse tous les cheveux — c'est l'amante qui joue dans les cheveux de son homme jeune, il peut s'appeler Adonis, ou Narcissse, ou Dioniris.

Il y a autre chose qui peut décevoir dans les livres de H.C.: *Le Troisième Corps, Tombe, Portrait du soleil,* sont des romans d'amour. Ça se joue à trois comme dans les romans d'adultère bourgeois. Mais quand on lit, on voit que le troisième n'est pas là, qu'il est pure fiction, qu'il est ce qui ne sera jamais, la mort, la vie, peu importe, on voit qu'en réalité ça se joue toujours à deux (je-tu). Le troisième pourrait bien être cette jeune fille qui ne revient pas.

Neutre est le roman de l'analyste. Celui-ci y traite son sujet préféré sous forme de questionnement incessant: qu'est-ce que le (s)ujet? C'est lui *Neutre,* qui me plaît le plus: est-ce parce qu'il y a moins d'amour, moins de corps qui me collent, me pressent? Les romans théoriques offrent à mon esprit un espace métaphorique où mon amour peut se cacher-montrer sans cesse. Les romans d'amour — *Penthésilée* de Kleist, *La Mise à mort* d'Aragon, *Tombe* de H.C., — m'obligent à fermer les yeux sur de longs passages. Je pense au mot LOVE à la fin du *Faust* de Murnau: le mot scintille — on croirait la lumière du ciel —, dans la salle quelques spectateurs rient: je comprends, mais moi je n'y arrive pas.

Qu'est-ce que je fais avec Dora allongée sur le sofa de F? Qu'est-ce que je fais avec Gradiva dans les ruines de Pompéi? J'aime mieux ne pas répondre. Je cite;: Je raconte à T.t. que j'ai appris l'amour autrefois, en adorant ma mère. J'ai longtemps cru la récriprocité implicite. Mais c'était moi qui l'avait choisie, tous les jours je la choisissais des yeux parmi tous les êtres humains. Ce n'était d'ailleurs pas difficile, je la reconnaissais à son sourire. Elle ne m'avait pas choisie. J'ai bon oeil: je l'aurais reconnue entre toutes. Je la flattais, je la caressais, je la suivais, je la courtisais, je la célébrais. Elle me regardait du coin de l'oeil, en tordant le cou, très vite. Je ne savais pas si elle était grande ou petite. Elle était belle. Je ne savais pas que c'était une femme. C'est la Beauté qui était elle. Elle m'avait dit: Une mère est toujours belle. Je crus à la Loi. Il faut qu'une mère soit belle; ce qui fait la mère c'est la Beauté. Le Beau est toujours mère. Est-ce qu'une belle est toujours mère? Entre Eros et la biologie, l'enfant n'avait plus de place. J'étais son amoureux, j'étais Jeronimo, pour moi elle était unique et vierge, je la prenais dans mes bras, je la caressais, comme si je connaissais les secrets. Quand je devins sa soeur, je cessais de me servir de son nom d'espèce et je l'appelai Ève.
Lorsqu'il m'arrive d'appeler T.t. «ma beauté» je ne fais donc pas de confusion, j'entends bien qu'il reste Roi; j'ai résisté plusieurs mois au désir de lui donner ce nom parfois; pourtant il y a des moments où T.t. est ma mère, il le sait, ou bien mon origine, ou la parure de ma vie.
L'Exubérance est le Beau. Le Beau est trop: c'est pour cela qu'il déchire: lorsqu'il n'y a pas assez de place pour qu'il sorte, le Beau déchire, il peut tuer. Si j'avais retenu le Bel-amour, j'en aurais étouffé. Il suffisait que je voie Ève pour que les mots surgissent de tous les côtés. On a des bouches dans tous les coins du corps. Les mots sortent des mains, des creux de bras, du ventre, des yeux, de la nuque.

Devant un tel texte: 1. je rêve d'avoir ce livre dont parle Engels dans *L'Origine de la famille, de la propriété privée et de l'état: Du règne de la mère au patriarcat* — (1861) de Johann Jakob Bachofen; 2. il faudrait que j'aille voir dans mes textes ce que je fais de la Beauté; 3. je pense que théoriquement je suis de l'Exubérance: sans femme, cent femmes; 4. il faudrait que j'arrive à savoir où j'ai appris l'amour et ensuite où j'ai pris ce goût de parler de l'amer (j'avais d'abord écrit la mère, ensuite j'ai cru déceler dans les sons la raison: je parlerais de la mère parce que mon sujet est la tristesse, non pas que j'y trouve plaisir, au contraire il s'agit de travailler — les travaux d'Hercule ne sont pas plus grands — pour la supprimer, pour rendre son haecksistence presque improbable.

Je cite: C'est toujours la même histoire: sortir pour rentrer, partir pour arriver, commencer pour finir, et vice versa.

Pour éviter le même je vis entouré de l'autre. L'autre est toujours autre; le même ne peut jamais être le même. Tout est premier, ou: rien n'est premier, il n'y a pas de premier. Ou encore: je me baigne chaque jour dans un monde différent — avoir l'oeil ouvert —. Ouvert sur la jeune fille qui ouvre les yeux, sur l'analyste qui fait semblant de fermer les yeux pour se retirer dans sa pensée (mais sa pensée ça n'existe pas). Alors où se retire-t-il? Est-il en train de faire des réserves sexuelles (réserves: jardins ou exceptions, terres ou remarques).

En lisant H.C. s'impose à moi la nécessité de revenir aux écrits mythologiques: j'ai comme le sentiment que ma vie répète quelque autre vie. Ma vie, une série d'éclats des vieux récits. Je n'inventerai pas mon futur si je ne viens pas à bout de mon passé — le présent n'existe pas —.

It was to be the fate of this patient little girl to see much more then she at first understood, but also even at first to understand much more than any little girl, however patient, had perhaps ever understood before. (*What Maisie Knew*). Je lis mal l'anglais c'est pourquoi je renonce à traduire ce qui précède; mais il y a aussi que la lecture de certains textes français m'a appris qu'il n'y a pas de traduction possible de la lettre (En règle générale, un rêve est intraduisible, et je croyais intraduisible aussi un livre comme celui-ci. *L'Interprétation des rêves*) : l'esprit ne suffit plus, il me faut aussi le corps (de) la lettre. De cette phrase je retiens «this patient little girl» et «much more»; «this patient little girl», la jeune fille, la petite fille, l'analyste, son patient travail, et d'un seul coup le cerveau d'une petite fille qui conserve les traces, les lettres que le cerveau de la jeune fille saura retrouver, reprendre, replacer; «much more» remarque «L'Exubérance est le Beau. Le Beau est trop: c'est pour cela qu'il déchire».

Portrait du soleil de H.C.: *Portrait of a Lady* de H.J. J'imagine ici quelques barrages (*dam* dans une autre langue), de quoi retenir les eaux qui viennent des terres hautes. Le livre comme barrage: ce qui retient le corps, le soleil, la dame, pendant que l'esprit, le nuage, l'ingénieur s'affairent en bas.

Les livres de H.C. sont des textamants. Ce mot-valise conjugue tous les infinis: l'écriture, l'amour, la mort. Je pense à l'étudiant à qui on apprend à trouver dans le texte des structures; on ne lui apprend alors, en fait, qu'à sortir du texte, à oublier sa lettre — la lettre volée: c'est toujours le même scénario avec les enseignants qui ne savent pas écrire, qui ne veulent pas le savoir. Pour les livres de H.C. il faut suivre la lettre à la trace.

Je cite: j'attaque d'abord les signifiants: partout où il y a cuirasse, il y a défaut, je sape l'engendrement, je procède par subversion sémantique et fautes d'orthographes, je fomente un délire qui désarticule les signes et se communique à la scène entière jusqu'à la dislocation voulue.

L'analyste découvre vite quand il sait entendre ce qu'on lui lit que la jeune fille est prise dans cette question: Où était la femme de mon père quand je naquis?, ce qui fait revenir l'affirmation de l'amant, du textamant: *je suis la fille de mon père.* Scénario numéro un: un auteur féminin écrit pour garder la trace de son père, Dora était adorée par son père quand elle était petite fille. Scénario numéro deux: un auteur neutre n'accepte plus que la mère appelle le fils, que la fille appelle le père, on commence à se foutre du nom du père, Dora rompt avec F, avec K, le trente-et-un décembre. Les deux scénarios se jouent en même temps: l'oeuvre moderne est paradoxale.

Le plaisir du commentaire. Il est infini, il n'arrête pas de réciter le texte aimé, de l'éprouver, de le dire, de le varier. Il n'a pas de règles sauf une: que le texte lu soit un texte désiré. Le commentaire caresse, il fait des clins d'yeux, il dit qu'il est bon de se retrouver entre amants. Il est murmure à l'oreille qui a déjà entendu, un jardin de fougères. Il faut voir comment H.C. lit Shakespeare, Milton, Poe, James, Joyce, ou Dante, ou Kleist, Hoffmann, Freud, ou Bataille, Lacan, Derrida, leurs langues se cherchent, se goûtent. C'est là une difficulté des textes de H.C.: ils avouent leurs coïts — quelques-uns en restent bouche bée — avec tant d'autres textes; il y a là une polygamie, une polyphonie que peu de lecteurs entendent.

Pendant les huit premières années de sa vie Dora fut adorée par son père. C'était un amour sans contrat. À partir de l'âge de huit ans ce petit trésor souffrit d'une gêne respiratoire.

Mai 1974

10

LA MODERNITÉ: QUATRE NOTIONS

pour Gilles

À l'intérieur les dents, jeunes, dangereuses et la langue aussi.

HÉLÈNE CIXOUS

Ce que je peux faire de plus utile pour vous est de fournir les *informations* que je connais qui structurent pratique et théorie que je vis, d'indiquer les lieux de *questionnement critique* (comme dans le métier d'écrivain/écrivant où s'articule mon vivre, ma production est à la fois singularisée et inscrite dans un politique global par *citations* et *nominations*).

PATRICK STRARAM LE BISON RAVI

Ce qui suit est l'ébauche d'une bibliographie raisonnée de la modernité. Considérez la liste de titres comme indicative: elle a été fabriquée de livres qui forcent les circuits du cerveau. Cette liste est un programme: suite d'actions que l'on se propose d'accomplir pour arriver à un résultat. Arriver à des lectures rigoureuses et folles: commencer à penser en termes de lutte idéologique plutôt que de lecture innocente.

«Par *Modernisme*, nous entendons la conscience que prirent d'elles-mêmes les époques, les périodes, les générations successives; le modernisme consiste donc en phénomènes de conscience, en images et projections de soi, en exaltations faites de beaucoup d'illusions et d'un peu de perspicacité. Le Modernisme est un fait sociologique et idéologique. On le découvre «in statu nascendi», avec ses prétentions et ses projets fantasques, dans la presse. On le reconstitue dans des expositions. Par *Modernité* nous entendons au contraire une réflexion commençante, une ébauche plus ou moins poussée de critique et d'auto-critique, une tentative de connaissance. Nous l'atteignons dans une suite de textes et de documents, qui portent l'empreinte de leur époque et cependant dépassent l'incitation de la mode et l'excitation de la nouveauté.» (Henri Lefebvre, *Introduction à la modernité*, 1962). Je fais mienne cette définition de la modernité.

Quatre notions: la dialectique, l'événement, l'écriture, le désir. Pour chaque notion je vais donner seize ouvrages en référence; je n'essaie pas de justifier mon choix autrement que par cette raison: ce sont les livres qui m'aident le plus à rendre mes lectures stratégiques. À vous d'y aller voir: je ne crois pas beaucoup aux résumés. À qui voudrait replacer les textes que j'ai choisis dans un ensemble de textes plus vaste, j'indique les deux instruments de travail suivants: l'*Histoire de la philosophie* (Hachette, 1972-1973) publiée sous la direction de François Châtelet et le *Panorama des sciences humaines* (Gallimard, 1973) publié sous la direction de Denis Hollier. Ce que je propose n'est pas autre chose que de lire le texte littéraire à partir d'une bonne connaissance de l'histoire de la philosophie moderne et des recherches effectuées dans les sciences de l'homme (linguistique, poétique, sociologie, psychanalyse, ethnologie, etc.).

Cette bibliographie n'est pas un système qui force le texte à passer par le dur moment de la grille (avoir en tête la phrase d'Artaud: «La Grille est un moment terrible pour la sensibilité, la matière.»); elle ressemble plutôt à une carte géographique où différents parcours sont possibles d'un point à un autre. Cette bibliographie veut frayer des chemins qui ne mènent pas nécessairement nulle part. Prendre le chemin du mouvement, de la transformation, plutôt que celui du système, de la hiérarchie. Substituer peu à peu à l'ordre établi la révolution permanente. Tous les ouvrages retenus ont paru dans les quinze dernières années.

Les quatre notions dégagées pour cerner la notion de modernité si elles renvoient chacune à un champ du savoir: la dialectique à l'histoire de la philosophie, l'événement au matérialisme historique, l'écriture à la poétique, le désir à la psychanalyse, ne cessent pas de déborder l'une sur l'autre, aussi tel ouvrage que j'ai rangé sous telle notion peut parfois être rangé sous une autre notion. C'est l'âge de l'interdisciplinarité.

1

LA DIALECTIQUE

Cette notion renvoie au fonctionnement de la raison, aux différentes théories de la connaissance. C'est sans doute à partir des textes de *La Phénoménologie de l'Esprit* (1806-1807) et de la *Science de la logique* (1812-1816) de Hegel qu'il faut étudier les variations de cette notion. Étudier la dialectique c'est voir comment par le travail de Hegel le discours métaphysique s'est transformé en un discours épistémologique, comment le scepticisme qu'on a manifesté envers la philosophie gagne maintenant la science — celle-ci étant minée, sans qu'elle le sache, par le texte métaphysique —. Il faut pour qui veut penser avec une certaine efficacité ne pas mépriser l'histoire du texte métaphysique de peur de le répéter sans le savoir.

1959 Clémence Ramnoux, *Héraclite ou l'homme entre les choses et les mots*, Paris, Société d'Edition «Les Belles Lettres», 2e éd., 1968, 465 p.

1962 Gilles Deleuze, *Nietzsche et la philosophie*, «Bibliothèque de philosophie contemporaine», Paris, Presses Universitaires de France, 3e éd., 1970, 232 p.

1965 Louis Althusser, *Pour Marx*, «Théorie», Paris, François Maspero, 1971, 258 p.
Jean Bollack, *Empédocle. I. Introduction à l'ancienne physique*, «Le Sens commun», Paris, Les Éditions de Minuit, 1965, 411 p.
Henri Lefebvre, *Métaphilosophie. Prolégomènes*, «Arguments», no 26, Paris, Les Éditions de Minuit, 1965, 411 p.

1966 Michel Foucault, *Les Mots et les Choses. Une archéologie des sciences humaines*, «Bibliothèque des sciences humaines», Paris, Gallimard, 1966, 400 p.

1968 Gilles Deleuze, *Spinoza et le problème de l'expression*, «Arguments», no 36, Paris, Les Éditions de Minuit, 1969, 332 p.

1969 Gilles Deleuze, *Logique du sens*, «Critique», Paris, Les Éditions de Minuit, 1969, 392 p.
Michel Foucault, *L'Archéologie du savoir*, «Bibliothèque des sciences humaines», Paris, Gallimard, 1972, 275 p.
Paul Ricoeur, *Le Conflit des interprétations. Essais herméneutiques*, «L'Ordre philosophique», Paris, Éditions du Seuil, 1969, 505 p.

1970 En collaboration, *Hegel et la pensée moderne*, «Épiméthée essais philosophiques», Paris, Presses Universitaires de France, 1970, 213 p.

1972 Jacques Derrida, *Marges. De la philosophie*, «Critique», Paris, Les Éditions de Minuit, 1972, 396 p.
Gérard Granel, *Traditionis traditio*, «Le Chemin», Paris, Gallimard, 1972, 315 p.

1973 Jacques Derrida, *L'Archéologie du frivole,* suivi de *Essai sur l'origine des connaissances humaines* de Condillac, Auvers-sur-Oise, Galilée, 1973, 301 p.

Jean-Joseph Goux, *Freud, Marx. Économie et Symbolique,* Paris, Éditions du Seuil, 1973, 279 p.

1974 Philippe Sollers, *Sur le matérialisme. De l'atomisme à la dialectique révolutionnaire,* «Tel Quel», Paris, Éditions du Seuil, 1974, 190 p.

2

L'ÉVÉNEMENT

Cette notion renvoie au champ historique. Les femmes et les hommes pris dans le texte historique: la famille, l'école, le sexe, le travail, le parti, l'argent, la science, les classes sociales, la race, la croyance, etc. L'attention à l'événement est arrivée avec la critique radicale du discours philosophique par Marx; pour étudier cette notion il faudrait sans doute prendre comme point d'appui les textes de *L'Idéologie allemande* (1845-1846) et du *Capital* (1867). Quelques événements: la révolution culturelle prolétarienne en Chine (1966-1968), la contestation étudiante: mai 68 en France et octobre 68 au Québec, l'occupation armée: le coup d'état au Chili (1973), les grèves qui se multiplient, les mouvements de libération qui se créent.

1964 R.D. Laing, A. Esterson, *L'Équilibre mental, la folie et la famille,* «Texte à l'appui/psychiatrie», Paris, François Maspero, 1971, 220 p.

1967 Raoul Vaneigem, *Traité de savoir-vivre à l'usage des jeunes générations,* Paris, Gallimard, 1971, 287 p.

1968 Marc Kravetz, *L'Insurrection étudiante 2-13 mai 1968,* «10/18», no 417/418, Union Générale d'Éditions, 1968, 509 p.

1969 Bo Dan Andersen, Soren Hansen, Jesper Jensen, *Le Petit Livre rouge des écoliers et lycéens,* «Petite collection Maspero», no 85, Paris, François Maspero, 1971, 158 p.

1970 Jean Baudrillard, *La Société de consommation,* «Le Point de la question», Paris, S.G.P.P., 1970, 298 p.

Jean Daubier, *Histoire de la révolution culturelle prolétarienne en Chine (1965-1969),* «Cahiers libres», no 170-171, Paris, François Maspero, 1970, 306 p.

1971 David Cooper, *Mort de la famille,* «Combats,» Paris, Éditions du Seuil, 1972, 157 p.

En collaboration, *Québec occupé,* Montréal, Éditions Parti Pris, 1971, 249 p.

1972 Léandre Bergeron, *Pourquoi une révolution au Québec,* Montréal, Éditions Québécoises, 1972, 185 p.

Partisans, *Libération des femmes année zéro*, «Petite collection Maspero», no 106, Paris, François Maspero, 1972, 188 p.

1973 Claudie Broyelle, *La moitié du ciel. Le mouvement de libération des femmes aujourd'hui en Chine*, «Femme», Paris, Denoël/Gonthier, 1974, 277 p.

Alain Jaubert, Jean-Marc Lévy-Leblond, *(Auto) critique de la Science*, «Science ouverte», Paris, Éditions du Seuil, 1973, 384 p.

1974 Michel de Certeau, *La Culture au pluriel*, «10/18», no 830, Paris, Union Générale d'Éditions, 1974, 313 p.

En collaboration, *L'École de Jules Ferry est morte*, «Poche rouge», no 8/9, Paris, François Maspero, 1974, 230 p.

Nicos Poulantzas, *Les Classes sociales dans le capitalisme aujourd'hui*, «Sociologie politique», Paris, Éditions du Seuil, 1974, 364 p.

Patrick Straram, *Questionnement socra/cri/tique*, «Écrire», Montréal, Éditions de l'Aurore, 1974.

3

L'ÉCRITURE

La meilleure façon de définir l'écriture consiste peut-être à dire que c'est l'élément subversif du texte, le discours en étant l'élément d'ordre. Dans le discours on respecte les conventions du bon usage, le langage semble transparent car on suit les règles de la grammaire et les définitions du dictionnaire. Quand on écrit c'est un peu parce que ce discours affadit tout ce qu'il nomme, qu'on ne peut plus supporter sa «clarté» ou sa «simplicité». Écrire est plus difficile que discourir car il s'agit précisément de dépasser le discours; et pour cela il faut connaître le fonctionnement du discours: ici l'exemple de Mallarmé: *Les Mots anglais* (1877) et *Divagations* (1897). L'écriture est efficace non quand elle s'oppose au discours mais quand elle le fait tellement jouer — sans qu'il y paraisse trop: les grands écarts sont facilement récupérables en n'étant que l'envers de ce qu'ils veulent abattre — que le discours en est tout retourné. Allez lire Mallarmé armé d'un dictionnaire et d'une grammaire, et de quelques langues.

1961 Francis Ponge, *Le Grand Recueil. Méthodes*, Paris, Gallimard, 1961, 302 p.

1962 Edmond Ortigues, *Le Discours et le Symbole*, «Philosophie de l'esprit», Paris, Aubier Montaigne, 1962, 260 p.

1963 Louis Hjelmslev, *Le Langage. Une introduction*, «Arguments», no 28, Paris, Les Éditions de Minuit, 1969, 201 p.

Roman Jakobson, *Essais de linguistique générale*, «Arguments», no 14, Paris, Les Éditions de Minuit, 1968, 228 p.

1966 Émile Benveniste, *Problèmes de linguistique générale*, «Bibliothèque des sciences humaines», Paris, Gallimard, 1968, 356 p.

1967 Jacques Derrida, *De la grammatologie*, «Critique», Paris, Les Éditions de Minuit, 1967, 445 p.
Jacques Derrida, *L'Écriture et la Différence*, «Tel Quel», Paris, Éditions du Seuil, 1967, 439 p.

1968 En collaboration, *Théorie d'ensemble*, «Tel Quel», Paris, Éditions du Seuil, 1968, 413 p.

1970 Henri Meschonnic, *Pour la poétique*, «Le Chemin», Paris, Gallimard, 1970, 178 p.

1971 Françoise Collin, *Maurice Blanchot et la question de l'écriture*, «Le Chemin», Paris, Gallimard, 1971, 246 p.
Bernard Pautrat, *Versions du soleil. Figures et système de Nietzsche*, «L'Ordre philosophique», Paris, Éditions du Seuil, 1971, 366 p.
Jean-Michel Rey, *L'Enjeu des signes. Lecture de Nietzsche*, «L'Ordre philosophique», Paris, Éditions du Seuil, 1971, 285 p.
Jean Starobinski, *Les Mots sous les mots. Les Anagrammes de Ferdinand de Saussure*, «Le Chemin», Paris, Gallimard, 1971, 167 p.

1972 Jacques Derrida, *La Dissémination*, «Tel Quel», Paris, Éditions du Seuil, 1972, 406 p.

1973 Roman Jakobson, *Questions de poétique*, «Poétique», Paris, Éditions du Seuil, 1973, 507 p.

1974 Julia Kristeva, *La Révolution du langage poétique. L'Avant-garde à la fin du XIXe siècle: Lautréamont et Mallarmé*, «Tel Quel», Paris, Éditions du Seuil, 1974, 645 p.

4

LE DÉSIR

Désir, plaisir; joie, jouissance. Ces notions renvoient à la fête, à ce jaillissement qui sort parfois de nous sans que nous l'ayons prévu. Des rapprochements se font avec le fou ou le primitif. Tout se passe comme si nous étions une mine: les métaux précieux sont loin sous terre; parfois nous n'avons pas le temps d'arriver à eux: tout se met à trembler et c'est l'explosion, il est alors difficile de rassembler notre corps morcelé. Toutes ces notions sont à penser à partir du travail de Freud: en particulier *L'Interprétation des rêves* (1900) et *Au-delà du principe de plaisir* (1920). La fiction, productrice de mythes, est un lieu par excellence pour suivre à la trace le désir: l'écriture ne vaut qu'en autant qu'elle produise du désir.

1961 Michel Foucault, *Histoire de la folie à l'âge classique* suivi de *Mon corps, ce papier, ce feu* et *La Folie, l'absence d'oeuvre*, «Bibliothèque des histoires», Paris, Gallimard, 1972, 613 p.

1965 Geneviève Calame-Griaule, *Ethnologie et langage. La Parole chez les Dogon*, «Bibliothèque des sciences humaines», Paris, Gallimard, 1965, 589 p.

1966 Jacques Lacan, *Écrits*, «Le Champ freudien», Paris, Éditions du Seuil, 1966, 924 p.

1967 Jean Laplanche, J.-B. Pontalis, *Vocabulaire de la psychanalyse*, Paris, Presses Universitaires de France, 1971, 525 p.
Jean Servier, *Histoire de l'utopie*, «Idées», no 127, Paris, Gallimard, 1967, 378 p.

1969 Maurice Blanchot, *L'Entretien infini*, Paris, Gallimard, 1969, 640 p.
Harvey Cox, *La Fête des fous. Essai théologique sur les notions de fête et de fantaisie*, Paris, Éditions du Seuil, 1971, 237 p.

1970 Maud Mannoni, *Le Psychiatre, son «fou» et la psychanalyse*, «Le Champ freudien», Paris, Éditions du Seuil, 1970, 269 p.

1971 Serge Leclaire, *Démasquer le réel. Un Essai sur l'objet en psychanalyse*, «Le Champ freudien», Paris, Éditions du Seuil, 1971, 187 p.
Claude Lévi-Strauss, *Mythologiques****. L'Homme nu*, Paris, Plon, 1971, 688 p.

1972 Hélène Cixous, *Neutre*, Paris, Grasset, 1972, 193 p.
Gilles Deleuze, Félix Guattari, *Capitalisme et Schizophrénie. L'Anti-Oedipe*, «Critique», Paris, Les Éditions de Minuit, 1972, 470 p.

1973 Roland Barthes, *Le Plaisir du texte*, «Tel Quel», Paris, Éditions du Seuil, 1973, 105 p.
Jean-François Lyotard, *Dérive à partir de Marx et Freud*, «10/18», no 754, Paris, Union Générale d'Éditions, 1973, 316 p.

1974 Georges Bataille, *Théorie de la religion*, «Idées», no 306, Paris, Gallimard, 1974, 159 p.
Catherine B.-Clément, *Le Pouvoir des mots. Symbolique et Idéologique*, «Repères sciences humaines idéologies», Paris, Mame, 1974, 173 p.

(La première date correspond à la première publication du livre.)

Août 1974

TABLE

L'ENSEIGNEMENT DE LA LITTÉRATURE

1. La pédagogie après octobre 1968 14

2. La linguistique, la poétique 33

    1. Le jeu phonique 33
    2. Le jeu lexical 35
    3. Le jeu syntaxique 37
    4. Le jeu sémantique 39

3. Pour un enseignement raisonné de la littérature 41

    1. La conception populaire de la littérature 41
    2. La conception scientifique de la littérature 43
    3. Raisons d'un enseignement scientifique 46

4. Le montage textuel 47

    1. N'importe quoi 47
    2. Dans un cours 51

5. Pour un enseignement réaliste de la littérature 54

LECTURES

6. Une nouvelle écriture 71

    1. La métaphore, l'image 71
    2. *Le Vierge incendié* 75

7. Mythologiques 81

    1. «La solitude» 81
    2. *Pouvoir du noir* 84

8. L'écriture dangeruse 89

9. La jeune fille, l'analyste 97

10. La modernité: quatre notions 103

    1. La dialectique 105
    2. L'événement 106
    3. L'écriture 107
    4. Le désir 108

CET OUVRAGE
COMPOSÉ EN GARAMOND CORPS 11 SUR 12
A ÉTÉ ACHEVÉ D'IMPRIMER
A 3000 EXEMPLAIRES
SUR PAPIER BOUFFANT SUBSTANCE 120
LE DIX JANVIER
MIL NEUF CENT SOIXANTE-QUINZE
PAR LES TRAVAILLEURS
DES PRESSES
DE L'IMPRIMERIE GAGNÉ LIMITÉE
A SAINT-JUSTIN
POUR LE COMPTE DES ÉDITIONS DE L'AURORE

Collection Écrire

déjà parus

Reliefs de l'Arsenal, Roger Des Roches
Questionnement socra/cri/tique, Patrick Straram le Bison ravi
Textes extraits de vanille, Louis-Philippe Hébert
Portraits du voyage, J.-M. Piotte, M. Gagnon et P. Straram le Bison ravi
Textes sauvages, Roger Magini